百读不厌的
经典故事

《世说新语》中的故事

魏风华◎著

长江出版传媒
长江文艺出版社

图书在版编目（CIP）数据

《世说新语》中的故事 / 魏风华著. -- 武汉：长
江文艺出版社，2021.9（2022.6 重印）
（百读不厌的经典故事）
ISBN 978-7-5702-2052-6

Ⅰ. ①世… Ⅰ. ①魏… Ⅲ. ①中国历史－魏晋南北朝
时代－青少年读物 Ⅳ. ①K220.9

中国版本图书馆 CIP 数据核字（2021）第 081914 号

经中华书局授权许可使用

《世说新语》中的故事
SHISHUO XINYU ZHONG DE GUSHI

责任编辑：张　贝　　　　　　　　　责任校对：毛季慧
封面设计：笑笑生设计·张俊锋　　　　责任印制：邱　莉　杨　帆

出版：长江出版传媒 ｜ 长江文艺出版社
地址：武汉市雄楚大街 268 号　　　　邮编：430070
发行：长江文艺出版社
http://www.cjlap.com
印刷：武汉中科兴业印务有限公司

开本：720 毫米×1010 毫米　　　1/16　印张：14.25　　插页：1 页
版次：2021 年 9 月第 1 版　　　2022 年 6 月第 2 次印刷
字数：150 千字

定价：30.00 元

为什么怀念魏晋

　　与汉朝的敦实厚重、三国的慷慨激荡、唐朝的盛大开放、宋朝的清丽婉约不同，魏晋人物以率性不羁著称。这是当时整个社会的精神时尚和审美追求，魏晋也因此而成为中国历史上空前绝后和争议最大的时代。

　　魏晋时代有三个主要特点：

　　首先是大分裂。魏、蜀、吴三国归晋，经过短暂一统后，再次分裂；这一次分裂的时间，是中国历史中最漫长的，前后达三百年之久。其次是皇权衰退，士族享有较高的话语权，这在中国历史上是绝无仅有的。再就是老庄玄学的盛行，名士们以率性旷达的言行引领着时代风尚。

　　在这种社会背景下，魏晋名士们挣脱了礼教的束缚，追求心性的自由。所以皇帝曹丕吊唁大臣时才会跟众人一起学驴叫以满足死者生前的喜好，所以王徽之才会在雪夜拜访友人时不见而返，所以阮籍才会在驾车狂奔到无路可走时席地痛哭——这些行为中都包含着对生命价值的探寻和对时光易逝的感叹。有人对此表示肯定，有人进行抨击，认为正是这种不羁放纵导致社会混乱，误君误国误天下。

学者宗白华是这样说的："汉末魏晋六朝是中国政治上最混乱、社会上最苦痛的时代，然而却是精神史上极自由、极解放、最富于智慧、最浓于热情的一个时代。"

这其实才是最贴切的评价。

洒脱的言行、美好的人格、隽永的智慧、玄远的深情，魏晋名士做了中国精神史上最具魅力的一次远行：向内，他们发现了心性自由之美；向外，他们发现了山川自然之美。他们孤独地站在历史的云端，前无古人，后无来者。

然而，时光的演进总令人伤感。

东晋末年，北府兵将领刘裕掌握权力，并在公元420年夺取了司马家的江山。出身寒微的刘裕对名士阶层进行了全面打击，公元433年，以谢灵运被杀为标志，魏晋之风正式熄火，好在南北朝的刘义庆编的这部记录着魏晋名士趣事逸闻的《世说新语》流传了下来。作为古代士人的枕边书，它千百年来畅销不衰，后人借此能够看到那个时代留下的一点星光。

鲁迅这样评价这部作品："记言则玄远冷峻，记行则高简瑰奇。"李泽厚则称："《世说新语》津津有味地论述着那么多的神情笑貌、传闻逸事……重点展示的是内在的智慧、高超的精神、脱俗的言行、漂亮的风貌。而所谓漂亮，就是以美如自然景物的外观，体现出人的内在的智慧和品格。"或者可以这样说，以这部中国古代最著名的志人笔记为线索来描绘、解读魏晋时代，既是最简便的方法，又是最正确的方法。

最后，希望读者在阅读这本书时，能看到遥远的先辈，也能看到当下的自己。

目　录

第二章　放旷不羁

第三章　奇言妙语

第六章　鳞羽自珍

第七章　雅量从容

第八章　玄学清谈

第九章　门阀世家

第十章　山河永逝

第 一 章

高德美誉

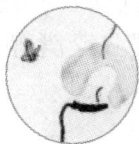

立志扫天下的少年

　　陈仲举，名蕃（fán），汝南平舆（今河南平舆北）人，东汉后期的名士和重臣。

　　陈蕃小时候说过一句话："大丈夫处世，当扫天下，安能事一屋？"这句话和西汉大将陈汤那句话都挺有名的。陈汤说："明犯强汉者，虽远必诛。"（冒犯了强大的大汉的国家，即使再远，我们一定也会诛杀。）陈汤的话显示出一个王朝的自信和气魄，陈蕃的话则说出一个少年的远大志向。

　　那一年，陈蕃才十五六岁吧，父亲的朋友路过他的书房，看到屋子里很乱，就责怪陈蕃："为什么不把屋子打扫干净迎接客人呢？"正在读书的陈蕃说出上面那句话。父亲的朋友反问："一屋不扫，何以扫天下？"问得确实不错，陈蕃哑口无言了。但是，性子很直的他，拉着父亲的朋友一起打扫起卫生来。

　　后来，陈蕃真的有出息了。德才兼备的他，踏入仕途后，官越做越大，影响力也越来越大。

　　那是东汉中期，外戚、宦官相互争斗，宦官取得了优势，他们掌控皇帝，凌驾于大臣之上。作为大臣，这时候只有两个选择：一是依附在宦官周围；二是不合作，寻求机会扭转乾坤。选择后一条道路的士人慢慢形成一个松散的集团，也就是"清流"。

　　东汉后期的清流名士继续坚持着家国理想，为挽救帝国大厦的倒塌而一次次努力。陈蕃，就是这种浩然士风的代表。在当时，跟陈蕃一样充满浩然士风的，还有很多人。他们多以群体方式出现，并各有名号，如"三君"（陈蕃等三位名士）、"八俊"（李膺等八位名士）、"八顾"（郭泰等八位名士）……

陈蕃还特别爱惜人才。

汉顺帝时代，陈蕃在豫章（今江西南昌）做太守。当时，豫章有个著名隐士徐穉，字孺子。陈蕃早就听说过他的大名，到任后，他连衙门都没来得及进，就直奔徐家。后来，陈蕃和徐穉成了挚友，经常谈论天下事。陈蕃希望徐穉出山为朝廷效命。徐穉却总是笑而不语。

建宁元年（公元168年）秋九月，陈蕃与外戚窦武秘密策动，打算诛杀作乱的宦官，却不料走漏风声，宦官们抢先下手，关闭洛阳宫门，并劫持了灵帝，软禁了太后，接着迅速假传圣旨发兵，杀了窦武。

一时间风云突变！

此时陈蕃已年过古稀，想起小时候的志向，他不禁百感交集。须发皆白的他拎了把长剑，带领侍从以及学生近百人突入宫门，想冒死一拼。结果自然是个悲剧。

再后来，汉灵帝死了，少帝即位，宦官与外戚再次发生冲突，远在凉州的董卓趁机拥兵入洛阳，伟大的三国时代就此拉开序幕。

对已为天下士人的领袖陈蕃来说，其实他有多次隐退避祸的机会，但他却没选择那条路。这位少年时期便立志扫天下的人有自己的信念，最终，他殉于国难。

【原文】　陈仲举言为士则，行为世范，登车揽辔（pèi），有澄清天下之志。为豫章太守，至，便问徐孺子所在，欲先看之。主簿白："群情欲府君先入廨（xiè）。"陈曰："武王式商容之闾，席不暇暖。吾之礼贤，有何不可！"

【译文】　陈蕃的言谈被士人视为准则，行为被世间当作典范。他刚刚赴任做官，登上公车手执缰绳时，便有澄清政治稳定天下的志向。他任豫章太守时，刚到治所就问徐穉在哪里，想要先去拜访他。主簿禀告说："大家都希望府君您先到官署里去。"陈蕃说："周武王即位后，座席还没坐暖，立刻到商容那里拜访致敬。我尊敬贤人，有什么不可以呢？"

登龙门

李膺（yīng），字元礼，颍川襄城（今河南襄城）人。他孤傲不群，对一般人，都不怎么搭理。在颍川时，他只跟当地最著名的士人荀淑、陈寔有交往。不过，你要是真有才华，那么不管你年龄大小、地位如何，李膺都会亲热地拉起你的手。比如，李膺跟比自己小十八岁的太学生领袖郭泰关系就很好，两人经常在一起品评人物、议论朝政，把从东汉中期开始流行的品鉴人物的风气又往前推了一步。同时，也使得名士间的社交网络化。

在当时，名士间的社交网络非常重要。士子们借此获得名望，再通过名士、高官的推举进入仕途，进而有了累代为官，建立世家大族的可能。

汉桓帝延熹九年（公元 166 年），有宦官犯罪被清流大臣惩治，桓帝在谗言下反追究大臣之罪，将李膺等人下狱。外戚窦武为人正直，想方设法将李膺等人营救了出来，但此后李膺和他的亲族、门生都不得为官。

后来，汉桓帝死，汉灵帝即位，李膺等人被朝廷起用。没多久，洛阳发生政变，陈蕃和窦武都死在了这场政变中。李膺也再一次被罢官，但宦官没有就此放过他。

李膺在职时，乐于提携德才兼备的后生，年轻士人到洛阳都以能被其接见为荣，这在当时被称为"登龙门"。被接见者也会因为李膺的品评而身价百倍。或许是李膺的影响力太大了，一些专权的宦官心里觉得不踏实。

汉灵帝建宁二年（公元169年），宦官们为彻底压倒和消除清流朝臣的影响力，再次诬陷李膺，这次，李膺没能幸免于难，被下狱处死。

陈蕃先死，李膺再亡，在洛阳学界享有盛誉的太学生领袖郭泰也退隐到山西故乡。李、陈的门生都被禁了官路，想出仕也没希望了。

清流朝臣挽救东汉危亡的努力，经此一事，实际上已宣告失败。

在这种严酷的背景下，很多士人不得不选择归隐，绵延许久的儒学在东汉末年彻底断裂了，却也开启了魏晋放任旷达的风气。

【原文】　李元礼风格秀整，高自标持，欲以天下名教是非为己任。后进之士，有升其堂者，皆以为登龙门。

【译文】　李膺的风度品格秀异严谨，对自己的要求很高，要把端正世人名分、判断天下是非作为自己的责任。后辈的读书人当中，有能进入李膺家厅堂的，人们都认为是登上了龙门。

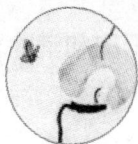

最初的名族

东汉朝廷上的"清流"在与宦官的较量中失败了。但是，地方上的那些名族却没有消沉下去。累代相传之下，他们让"士"的分量越来越重。

先说本条中的陈太丘，即陈寔（shí），字仲弓，颍川许县（今河南许昌）人。他小时候就非常爱学习，后出任太丘长（即河南永城的主官），大家敬称为陈太丘。

世间万象纷繁，有以才服人的，有以权服人的，陈寔则以德服人。

有一年闹饥荒，有盗贼潜入陈家，藏在梁上。陈寔发现后，没叫人捉盗，而是喊来子孙，说了一番话，大意是：一个人怎么可以不奋发努力呢？做错事的人未必本性就是恶的，只是平时习惯不好，以致最后走上邪路，说的就是梁上那位吧。盗贼听后，惭愧地下来了。陈寔叫人取来两匹绢，送给那盗贼，说：去吧，不要再犯。

这当然是一段佳话了。

陈寔为官廉洁清明，以清高的品格和卓越的德行著称，深受百姓爱戴，被推为一代楷模。八十三岁时，他病逝于家中。前来参加祭奠的有多少人呢？超过三万！这个纪录，前人闻所未闻，后人也难以超越。

再说荀朗陵。荀朗陵就是荀淑，颍川人，荀子的后代，也以德行著称于世。他有八个孩子，因教子有方，个个都很有出息，人称

8

"八龙"。

陈、荀是故交，荀淑多次带孩子去陈家做客，这次则是陈寔带着子孙东行，去荀家回访。

这天傍晚，炊烟升起，暮色罩着东汉的大地。陈纪（字元方）赶着马车，陈谌（字季方）拿着父亲的拐杖跟在车后，车上坐着陈寔和他的孙子，也就是陈纪的儿子陈群，字长文，后来的魏国重臣。

陈寔有六个儿子，陈纪和陈谌是其中最出色的，前者聪慧，后者敦厚。这次去拜访老友，陈寔带的就是这两个儿子。二陈相比，又以陈纪最佳。关于陈纪，他小时候，有个著名的故事：

一次，友人与陈寔约定出行，过了约定的时辰友人还没来，陈寔便先走了。后来友人来了，知道陈寔先走了，便生气了，在车上责问陈纪：你父亲怎么这样呢?！真不是人啊，竟然先走了，还谈什么高德？七岁的陈纪正在门口玩耍，抬头看了看父亲的这位友人，然后站起身，说：您与我父亲约定的时间是中午，您没有准时来，是不守信用，对着儿子辱骂父亲，是无礼。友人听后十分惭愧，下车要摸陈纪的手示好，陈纪头也不回地进门了。

为人在世，诚信为本。友人迟到后，无礼在先，却倒打一耙，聪慧的陈纪从容应对，说话铿锵有力，字字千钧，维护了父亲的尊严。

再说陈寔，现在他带着孩子们已赶到荀家。两位老爷子见面后热情拥抱，携手入厅堂。饭菜都准备好了。酒席间，荀家的一个儿子斟酒，另外几个儿子依次上菜，孙子还小，坐在爷爷膝前。这个孙子后来可不得了，他就是荀彧（yù）！

这是中古时代一次群星荟萃的饭局。没人知道他们具体聊了些什么。但是，有一点可以断定：当时两家其乐融融，特别和谐。

陈、荀两家都是天下名门，无人不知。这一聚，颍川的贤士，一半已在席间。据说，当晚，在京城洛阳，值班的太史官倚着栏杆观察天象，看到一大堆星星闪烁，于是在记录中写下这样一句话：有德的贤人往东边聚集去啦！这说的就是陈、荀两家的夜宴吧。

【原文】　陈太丘诣荀朗陵，贫俭无仆役。乃使元方将车，季方持杖后从。长文尚小，载著车中。既至，荀使叔慈应门，慈明行酒，余六龙下食。文若亦小，坐著膝前。于时太史奏："真人东行。"

【译文】　陈寔拜访荀淑，由于家境贫穷生活俭朴，没有仆人供役使，便让陈纪驾车，陈谌拿着手杖跟在后面，陈群年龄还小，放在车中。到了荀家，荀淑让荀靖迎接客人，荀爽依次斟酒，其余六个儿子准备食物。荀彧也还幼小，坐在荀淑膝前。当时太史上奏："有德才兼备的人向东出行。"

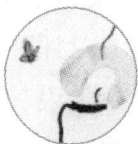

汝南与颍川的较量

袁阆（láng），字奉高，汝南慎阳（今河南正阳）人，资格很老，因为连陈蕃都曾受到他的推荐。不过，在名士社交网络中，他又屡屡被别人打击。

有一次，陈留士人边让（以善辩著称，后为曹操所杀）去拜见袁阆。当时，袁阆刚当上陈留太守。袁阆问：古时候，尧请许由出来做官，但许由脸上毫无愧色。现在，你为什么衣裳颠倒、举止失措呢？边让答：您刚刚到任，德行还没清楚地显现出来，所以我才颠倒了衣裳！显然，边让讽刺了袁阆。

而这一则故事中，打击袁阆的是荀慈明，即荀淑之子荀爽。

荀爽在家排行第六，以聪慧著称，曾一度为官，后隐居乡里，著书立说。汉献帝时，荀爽再度出山，官至司空，并参与剪除董卓的行动。

现在，荀爽和袁阆相遇，袁阆一向喜欢为难别人，所以劈头便说：世人都说你们颍川出人才，不知都有哪些国家栋梁？荀爽随口说出了自己的几个哥哥。袁阆于是大笑，认为抓住了对方的漏洞。然而听过荀爽一番辩驳之后，袁阆又无言以对。

袁阆来自汝南袁家，东汉第一世家大族便是汝南袁氏。从东汉一直到曹魏、西晋，汝南、颍川郡以及先前未曾提到的南阳郡，都一直是名士的摇篮，更是政治和学术的中心。

东汉开国皇帝刘秀是南阳人，他的很多大臣也都有南阳背景。

所以东汉初期，第一大郡是南阳。到东汉中期，汝南反超了南阳。后期，汝南名士许劭、许靖兄弟曾主持"月旦评"（"月旦评"就是在每月初一，两兄弟对各地的名士、在朝在野人物以及学说、著作进行点评，这一行为引领和造就了汉末品人的风尚），更是闻名于整个帝国。

这时候，颍川已迅速崛起。这里是大禹的故乡，吕不韦、韩非子、张良的老家。

东汉末年和三国时代，颍川名士辈出，钟皓、荀淑、韩韶、陈寔被称为"颍川四长"。从司马徽到徐庶，都是颍川人。曹操手下的谋士，来自颍川的更多，荀彧、郭嘉、钟繇、陈群……

但是，汝南名士跟颍川名士往往相互看不上。袁阆所质问的荀爽就是颍川名士。本条故事中，颍川荀爽的反问问住了汝南袁阆，取得了胜利。但是从大历史的角度看，曹操依靠一大批来自颍川的"谋士集团"，最终击灭了汝南的袁绍等人。颍川，还是"战胜"了汝南。

【原文】　荀慈明与汝南袁阆相见，问颍川人士，慈明先及诸兄。阆笑曰："士但可因亲旧而已乎？"慈明曰："足下相难，依据者何经？"阆曰："方问国士，而及诸兄，是以尤之耳！"慈明曰："昔者祁奚内举不失其子，外举不失其仇，以为至公。公旦《文王》之诗，不论尧、舜之德而颂文、武者，亲亲之义也。《春秋》之义，内其国而外诸夏。且不爱其亲而爱他人者，不为悖德乎？"

【译文】　荀爽和汝南袁阆见面，袁阆问他颍川有哪些有名望的士人，荀爽先提及自己的兄长们。袁阆笑着说："士人只能靠亲戚故旧来传达名声吗？"荀爽说："您责怪我，是根据什么道理？"袁阆说："刚才问的是当地才德出众的人，你却先提及自己的兄长们，所以责怪你。"荀爽说:"从前祁奚举荐人才,对内不遗漏自己的儿子,对外不忽略自己的仇人,人们认为他是最公正无私的。周公旦《文王》一诗,不谈论尧、舜的德政,却赞颂周文王、周武王,符合亲爱亲人这一道义。《春秋》纪事的原则是,把本国视为亲近的,把其他诸侯国视为疏远的。况且不爱自己亲人却爱其他人的做法,难道不违背道德准则吗?"

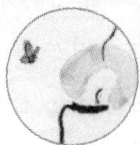

海边的曹孟德

魏武帝曹操，字孟德。他出生那一年，是东汉桓帝永寿元年（公元 155 年）。这一年春天，在沛国的谯县（今安徽亳州），小字阿瞒的孟德出生在一个复姓夏侯的家庭。不过，此时这个家庭的男主人夏侯嵩已改名曹嵩。在此之前，他辗转成为朝廷一个当权宦官曹腾的养子。在灵帝时，曹嵩已官至太尉，封费亭侯，非常显贵。因此，曹操出身并不寒微，只是由于父亲与宦官有着说不清的关系，导致他后来被士人轻蔑并抓住把柄不放。所以对自己的家族，曹操做丞相后一直讳莫如深。这当然可以理解。

在看重门第的东汉末年，出身对曹操来说是非常不利的。他是宦官的养子的儿子，而且他性格狡诈，即使有再多的雄韬伟略，当时的士子们也瞧不起他。此外，还有个原因：东汉后期到魏晋时代，在名士社交网络中，讲求仪容、气质与风神，而曹操身材矮小，缺少玉树临风的姿容，在名士们的眼中他实在难上台面。

然而曹操终究还是迎来了他的时代。在曹操虚岁三十的时候，东汉的帝国大厦开始倾倒了。灵帝中平元年（公元 184 年），黄巾军造反，曹操参与对黄巾军的镇压，锋芒初露，取得了不凡的战绩。

黄巾之火渐渐熄灭，灵帝也死去了。新皇帝继位，一个叫何进的外戚，要趁机诛灭专权的宦官，可惜失败被杀。其后大臣袁绍再次发动，这一次成功了。洛阳的宦官基本被杀绝，但混乱的帝都也迎来了凉州暴躁的军阀董卓，他性情残暴，喜怒无常。

天下真的乱了。

袁绍和曹操都逃离洛阳，号召天下群雄一起讨伐董卓，袁绍被推为盟主，伟大的三国时代正式拉开大幕。

汉献帝建安元年（公元196年），曹操将天子迎到许昌，自封为丞相。几年后，整个中原已经是曹操一个人的舞台了。但是，这并没有改变士子们对他的态度。早些年，当世名士宗世林，瞧不起曹操的出身与为人，不愿与他交往。现在，曹操贵为丞相，问他：现在我们可以做朋友了吧？宗世林回答：我的志向从未改变。

还是不行。

幸好，这个时候，有个人用一句话安慰了他。这个人就是许劭。有一天，许劭睡醒了，顺嘴说了这样一句话：曹孟德？治世之能臣，乱世之奸雄。一时间，天下人都以"奸雄"称呼曹操。

消息传到许昌，曹操放声大笑，他很喜欢这个评价：许劭终究是了解我一点的！

对于自己的境遇，很多时候，曹操是激愤的，激愤得无法排解的时候，他就写诗，把自己的人生感受与情怀写成诗篇，多好的一件事。这位战神一般的人物和政治的霸主，同时是文坛的领袖，这是多么伟大的结合。

曹操的名篇《观沧海》作于他五十二岁的这一年。这年夏天，曹操亲率大军北征，在秋天的九月凯旋。从没见过大海的曹操特意登上碣石山，眺望大海。

这是曹操第一次看到大海，在极目远望时，他写下那首淡然而又百味杂陈的《观沧海》："东临碣石，以观沧海。水何澹澹，山岛竦峙。树木丛生，百草丰茂。秋风萧瑟，洪波涌起。日月之行，若出其中；星汉灿烂，若出其里。幸甚至哉，歌以咏志。"

登碣石山，观沧海，扑面而来的大海的气息，总叫人感慨万千。

相信海边的曹孟德，终有别样的人生感悟，他也许会想：事业再庞大，终是过眼云烟；至于天下人每天都在议论的他的出身，又算什么呢？

可以说，暮年的曹操活得更加通透，犹如登上人生的碣石山，视野和视野里的景象都已经不一样了。

【原文】　南阳宗世林，魏武同时，而甚薄其为人，不与之交。及魏武作司空，总朝政，从容问宗曰："可以交未？"答曰："松柏之志犹存。"世林既以忤旨见疏，位不配德。文帝兄弟每造其门，皆独拜床下。其见礼如此。

【译文】　南阳人宗承，是和曹操同时代的人，但他很鄙视曹操的为人，不和曹操结交。等到曹操做了司空，总揽朝政，他随意地问宗承："我可以和你结交了吗？"宗承回答："我松柏一样坚贞的志气还在。"由于宗承违背了曹操的心意，他被疏远，官位过低配不上他的德行。但曹丕兄弟每次上门拜访，都依然在他的坐榻前恭敬地行拜礼。他受到的礼遇就像这样。

水镜先生

庞士元即庞统，南郡襄阳（今湖北襄阳）人，少年时显得呆呆的，长得又很难看，所以周围人都不看好他。不过，也有一个例外，那就是他叔父庞德公。

庞德公是襄阳隐士。当时北方大乱，靠南的襄阳，隐居着一大批高士，形成了"襄阳隐士群"。他们有的是本地人，但更多的是为了躲避北方战乱而在此隐居的北方人，一方面这里比较安定，另一方面清幽的山水为他们提供了隐士所需要的物质条件。

作为其中之一的庞德公，跟同样隐居于此的诸葛亮、徐庶等人交往频繁。他称诸葛亮为"卧龙"，又喊庞统为"凤雏"，认为庞统将来定能有所作为，于是推荐庞统去拜见颍川名士司马徽，即司马德操。

十八岁那年，庞统挎上个包袱，驾着辆小马车，踏上了通往颍川的路。

东汉末年的颍川人杰地灵，无数青年都来这里寻师父、求学问。司马徽是颍川阳翟（今河南禹州）人，在当时享有盛名，他有三个特长：识人、上树、弹琴。尤其是能鉴赏人才，人称"水镜先生"，你是不是人才，他一眼就能看出来。

庞统来到颍川时，正碰见司马徽背着小竹篓在树上采桑，于是有了上面那一番对话。一开始，庞统是想先探探司马徽的底，故意发难，最后终究被司马徽的见识所折服。就这样，爷儿俩一个在树上，一个在树下，聊了起来，直到落日隐没于群山。

从颍川回来，庞统带来了司马徽这样一句评价："襄阳庞士元，南州士人之冠冕（首屈一指的人物）！"从此，庞统的名声一点点显赫起来。

后来，北方战乱加剧，求贤若渴的刘备向司马徽征求人才的时候，司马徽说道："卧龙诸葛亮、凤雏庞士元！"可以说，司马徽是那个时代的隐士，又是目光非凡的鉴人专家。

在襄阳隐士群中，徐庶、诸葛亮、庞统选择了出山，尤其是后两人，所代表的是隐士的一种类型：遇到明主，且时机成熟后，即由隐退转为入仕。当然，襄阳隐士群中的更多人选择了终身隐逸。在司马徽看来，出仕和归隐，都是各行其是，并没有什么高低之分。

汉献帝建安十三年（公元 208 年）秋，曹操想要招揽司马徽，司马徽再三推辞，僵持间，这位三国时第一隐士，悄悄去世了。

【原文】 南郡庞士元闻司马德操在颍川，故二千里候之。至，遇德操采桑，士元从车中谓曰："吾闻丈夫处世，当带金佩紫，焉有屈洪流之量，而执丝妇之事？"德操曰："子且下车。子适知邪径之速，不虑失道之迷。昔伯成耦（ǒu）耕，不慕诸侯之荣；原宪桑枢，不易有官之宅。何有坐则华屋，行则肥马，侍女数十，然后为奇？此乃许、父所以慷慨，夷、齐所以长叹。虽有窃秦之爵，千驷之富，不足贵也。"士元曰："仆生出边垂，寡见大义。若不一叩洪钟、伐雷鼓，则不识其音响也。"

【译文】 南郡庞统听说司马徽住在颍川，于是走了两千里路去拜访他。到了那里，遇到司马徽正在采桑叶，庞统在车中对他说："我听说大丈夫生活在世间，应当做高官办大事，怎么能委屈自己浩大水流一样的器量，去做养蚕妇人的事呢？"司马徽说："您暂且下车来。您只知道抄歪斜小道走得快，却不担心迷路。从前伯成去乡野耕种，不向往诸侯的荣耀；原宪住在桑木门轴的破房子里，不换住达官贵人的住宅。哪有必须住在豪华的屋子里，出行用肥壮的马拉车，有几十个侍女服侍，才能算是与众不同的道理呢？这是许由、巢父发出感慨，伯夷、叔齐长声叹息的理由。即使有吕不韦那样的官位，像齐景公那样富有，也是不值得尊敬的。"庞统说："我生长在边远偏僻的地方，很少了解到大道理。如果不来见您，就见识不到您宽广的胸怀，就像如果不敲打大钟和雷鼓，就不知道它们的声音有多么震撼人心。"

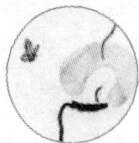

被误会的司马炎

在人们的印象中，西晋朝廷以奢华著称，后来迅速崩溃，多被认为是清谈与奢侈之风造成的，西晋开国之君晋武帝司马炎自然成为众人指责的对象。

风云际会、群雄逐鹿的三国时代最后归于晋。司马炎的江山基本上是不费吹灰之力从长辈（如他的爷爷司马懿、爹爹司马昭、大伯司马师）手中接过来的。与其他王朝的开国皇帝不一样，他没经历过艰难困苦的战斗生涯，这就决定他从一开始就处于安逸的氛围中，这对这个帝国的奢华之风有一定的影响。

但是，如果把西晋的奢侈风气完全归咎于司马炎也是不公平的。经过休养生息和实施一系列新政，西晋在很短时间内就成为一个富裕的王朝。这种富裕并非仅仅指世家大族富裕，而是说普天之下都很富裕，当时有民谣里说："天下无穷人。"

在这样的大背景下，一些名士出现奢华做派也就好理解了。不过，作为皇帝的司马炎本人却是相对较节俭的。而且，作为一国之君，司马炎身上的优点其实非常多，他为人极仁厚宽宏，非常呵护亲近自己的大臣。

一次，司马炎听说大臣和峤家有好李子，想品尝一下，但和峤为人吝啬，只给他送来了几十个。司马炎并不怪罪，反而觉得能吃到和家的李子就很满足了。

他与诸葛靓之间的故事也很典型。

诸葛靓是诸葛诞的儿子，诸葛诞本是魏国大将，因为与司马昭有嫌隙，在司马昭掌权魏国之后，转投吴国，后来在与魏国的战斗中战死。吴国灭亡后，诸葛靓隐居山林，后来又被迫在西晋做官。他与司马家有仇，虽然入仕西晋，但他发誓永远不见司马炎，经常一个人背对洛水而坐。

抛开这些国仇家恨，司马炎与诸葛靓是小时候的玩伴，只是时过境迁，现在一个为皇帝，一个为亡国叛臣之后。司马炎想见诸葛靓，想和诸葛靓修复关系，所以想方设法地跟诸葛靓见了一面，还拉着诸葛靓喝酒。两个人喝得都有些多了，司马炎说：还记得我们小时候一起玩耍的情形吗？司马炎的一句话让诸葛靓百感交集，抬起头时，他已泪流满面：我不能吞炭漆身，在今天又看到了您！

吞炭漆身是源自战国的一个典故：战国之初，赵襄子杀了智伯，智伯的手下豫让说："士为知己者死，女为悦己者容。"为报答智伯对自己的知遇之恩，豫让决定刺杀赵襄子，可是几次刺杀都失败了。于是豫让在身上涂满油漆，又吞下木炭让自己的声音变得沙哑，彻底地改变了音容后再去行刺，还是失败，便自杀了。

诸葛靓这番话的意思是：我们两家有世仇，但我却没能像豫让那样吞炭漆身，矢志报仇，我已经很惭愧了。

听了这句话，司马炎为自己引起诸葛靓的痛苦记忆而惭愧不已，起身退出。

这种带有名士风范的帝王是难得的，他们身上保持着士人美好的修养和品质。在那个时代，皇帝因语言不得当而令大臣难堪或引起其伤心事，往往很自责，几天闭门不出是常事。也可以这样说，那时的政治风云虽然残酷，但大多数皇帝的潜意识里，与臣子有一种平等的关系，这是有别于后世的。

【原文】 诸葛靓后入晋，除大司马，召不起。以与晋室有仇，常背洛水而坐。与武帝有旧，帝欲见之而无由，乃请诸葛妃呼靓。既来，帝就太妃间相见。礼毕，酒酣，帝曰："卿故复忆竹马之好不?"靓曰："臣不能吞炭漆身，今日复睹圣颜。"因涕泗百行。帝于是惭悔而出。

【译文】 诸葛靓后来到了晋朝，朝廷封他做大司马，召请他，他却不出来做官。因为与晋皇室有杀父之仇，他常常背对洛水而坐，不肯面向洛阳。诸葛靓与晋武帝司马炎有旧交情，武帝想见他却找不出理由，就请诸葛妃把他叫来。诸葛靓来了之后，武帝到诸葛妃这里来见他。互相行礼后，饮酒到痛快的时候，武帝问："你还记得我们童年时的友情吗?"诸葛靓说道："我不能像豫让一样吞炭漆身为父亲复仇，所以今天还能再见到陛下您。"说完泪流满面。武帝于是惭愧后悔地离开了。

顾荣的种子

　　顾荣是吴郡吴县（今江苏苏州）人，出身江东大族。西晋灭了东吴后，很多东吴旧臣子弟北上晋朝都城洛阳寻求发展，包括顾荣。他跟陆逊的后人，名气更大的陆机、陆云兄弟，并称"江东三俊"。

　　但在洛阳的生活是不容易的。顾荣虽是东吴名臣之后，也深具才华，奈何南方人去了北方后总是受到排挤和打压，所以他往往不得志。不过，顾荣也是幸运的。

　　晋武帝司马炎的继任者晋惠帝司马衷生性愚钝，无力治理朝政，几位手握兵权的王爷见状开始觊觎皇位，蠢蠢欲动，爆发了八王之乱。

　　在这场政治风波中，不少名士灾祸上身，甚至因此丧命，陆机、陆云兄弟就是如此。顾荣却很聪明，胆子也比较小，在变乱中整日吃吃喝喝，不问政事。

　　有一次，顾荣与几个朋友吃烧烤，吃着吃着，看到正在烤羊肉的小伙子流下口水，便站起来，走过去，把手里的羊肉塞给了小伙子。朋友发出讥笑，他也不在意。

　　一开始，顾荣在赵王司马伦手下做事，没过多长时间，司马伦倒台，齐王司马冏上台，顾荣又被迫在齐王手下当官。

　　但是，顾荣依旧狂饮如初，整天昏醉。有人向齐王告状，说顾荣整天喝酒不办公。于是，齐王给顾荣换了一个相对来说比较闲的官职。这一回，顾荣倒是工作了几天。

有人问：您以前天天酗酒，怎么这次清醒了？顾荣听了这话后马上又酗起酒来。

后来，长沙王司马乂、成都王司马颖陆续执政，顾荣辗转于他们之间。那段日子真是提心吊胆，让顾荣的精神快崩溃了。思前想后，顾荣想明白了：要想清净，必须离开洛阳，离开倒霉的北方！朝廷的任命偏偏这时候下来了，这一次，顾荣说什么也没接受，而是连夜踏上回江南的路。

顾荣能够平安返回江南，可以说是个奇迹。

当时天下已乱，回江南的路上险象环生。不过，每到危难时，总有一个人出来保护顾荣。正像我们猜测的那样，这个人就是当年吃上羊肉的小伙子。

这听上去有点不可思议。但是，为什么不相信这是真的呢？

顾荣的遭遇，阐明的是一个人间定律：在漫长的生命旅途中，有时候我们会心不在焉地埋下一些善意的种子，而在人生的另一些时候，那种子却会真的结出果实，让我们惊讶甚至惊喜，最后改变我们糟糕的命运。

【原文】 顾荣在洛阳，尝应人请，觉行炙（zhì）人有欲炙之色，因辍己施焉。同坐嗤之。荣曰："岂有终日执之而不知其味者乎？"后遭乱渡江，每经危急，常有一人左右己。问其所以，乃受炙人也。

【译文】 顾荣在洛阳时，曾应他人邀请赴宴，感到烤肉的仆人想尝尝烤肉的味道，就把自己那份烤肉送给了他。一起宴饮的人讥笑顾荣。顾荣说："哪有整天烤肉，却不知道烤肉味道的道理呢？"后来遭遇战乱，顾荣渡江避难，每到危急的时候，常常有一个人帮助他。顾荣问他这样做的原因，原来他就是当初接受烤肉的仆人。

皇帝的惭愧

东晋开国皇帝司马睿在建康（今南京）立足之初，在王导的建议下，得到当地两大世家中顾荣、贺循的支持，才扎下根来。

贺循，会稽山阴（今浙江绍兴）人，曾祖起即辅佐孙权家族。到父亲贺劭那里，贺家已经成为江东世家大族。

说起来，江东名族间也是互相看不上的。贺家来自会稽郡，陆家和顾家都来自吴郡。贺劭出任吴郡太守时，受到吴郡中顾、陆两大强族的轻视，府门上被贴了字条："会稽鸡，不能啼。"贺劭看到，接着写："不可啼，杀吴儿！"

一天，晋元帝司马睿跟贺循闲聊，说当年江东旧事，说到当年东吴末代皇帝孙皓以酷刑杀害了贺循父亲贺劭的事。对这一家门不幸，贺循痛哭流涕。司马睿开始提到这件事的时候没想到跟贺循有关，想起来后又因为使贺循伤心流泪而觉得很惭愧，闭门三日。

从这个细节可以看出来，魏晋时代的有些皇帝还是很有高士之风的。在大臣面前说错话了，会产生惭愧之心。

当然，那个时代也有暴君，比如孙皓。他是秦以后第一个以残暴著称的皇帝。他好烈酒，动不动就对人施加酷刑。公元280年，晋朝大将王濬的战舰出征东吴，孙皓投降。晋武帝司马炎把孙皓封为归命侯。

没想到，到了洛阳，亡国之君孙皓反而活得更潇洒了，主要表现为每每对讽刺自己的人反击成功。

一次，西晋权臣贾充讽刺孙皓：归命侯！听说你在江东做皇帝时，特别爱施加酷刑……孙皓知道贾充当年曾指使手下刺杀了魏国当朝皇帝曹髦，于是慢慢地说：确有其事，对君不忠的家伙，就应该受到这样的处置。"对君不忠"的贾充听后倒吸了一口冷气。

而司马炎到底还是心善，残暴的孙皓在亡国之后还有一个幸福的晚年。

【原文】　元皇初见贺司空，言及吴时事，问："孙皓烧锯截一贺头，是谁？"司空未得言，元皇自忆曰："是贺劭。"司空流涕曰："臣父遭遇无道，创巨痛深，无以仰答明诏。"元皇愧惭，三日不出。

【译文】　晋元帝第一次见到贺循，谈到三国东吴时的事，元帝问："孙皓烧红锯子，截断了一个姓贺之人的头，是谁？"贺循还没说话，元帝自己回忆起来，说："是贺劭。"贺循流着泪说："我父亲遭遇暴虐之政，我创伤巨大痛苦极深，无法回答您的问题。"元帝听了很惭愧，三天没有露面。

北府兵的缔造者

东晋一代，最精锐的军队，是北府兵。淝水之战，正是依靠北府兵，才战胜了强大的前秦。

北府兵的缔造者，是郗（xī）鉴，即本条中的郗公。郗鉴，高平金乡（今山东金乡）人，东晋初期最关键的军事将领。

在经历了八王之乱后，西晋政权衰弱，社会混乱。永嘉年间（公元307年—313年），匈奴军队趁机几次攻打洛阳，又爆发了永嘉之乱。这期间，民众流离失所，郗鉴也潜回山东老家避难。

可是，饥荒时期，郗鉴吃饭都成了问题。好在老爷子平日里行为方正，以道德高尚著称，很受乡亲们的敬仰，富裕些的村民愿意轮流供养他，却直接表示不能同时接济郗鉴的侄儿和外甥。在那个饿殍遍野的年头，每一粒粮食都是珍贵的。

接下来的日子里，按人家要求的那样，郗鉴自己来吃，但吃到最后时，他往往吃下一大口，把饭含在嘴里，等回家后，再吐出来给两个孩子吃。虽然不卫生，但两个孩子却因此而在乱世中活了下来。后来，郗鉴带领一千多名乡亲向南迁徙，投奔当时在建康驻兵的琅邪王司马睿，并于扬州、京口收编逃难而来的流民，加以训练，组成北府兵（京口称北府，是东晋首都建康的门户。不过，东晋初，人们还未发现京口地理位置的重要性，唯有郗鉴独具慧眼）。

正是依靠这支力量，东晋在淝水之战中打败前秦；也是依靠这支力量，朝廷内部的权臣不敢造次，即使有造次者，最后也被消灭。

无论如何，郗鉴的北府兵成为东晋这个不崇尚武力的王朝中最抢眼的军事团体，郗鉴因此而在历史上留下奇特的一笔。

后来，郗鉴成为与朝廷重臣王导、庾亮平起平坐的人物，活到七十岁，在那个年代已是寿星。

他死后，正在剡（shàn）县做官的外甥周翼辞职，为的是回来给郗鉴守孝三年。显然，如果没有当年郗老爷子的含饭喂养，他活不到现在。这份恩情，他记着的。

【原文】 郗公值永嘉丧乱，在乡里甚穷馁。乡人以公名德，传共饴之。公常携兄子迈及外生周翼二小儿往食。乡人曰："各自饥困，以君之贤，欲共济君耳，恐不能兼有所存。"公于是独往食，辄含饭著两颊边，还吐与二儿。后并得存，同过江。郗公亡，翼为剡县，解职归，席苫（shān）于公灵床头，心丧终三年。

【译文】 郗鉴遭遇永嘉之乱，在家乡非常穷困，到了挨饿的程度。乡里人因为他有名望德行，轮流供给他饭食。郗鉴常常带着哥哥的儿子郗迈和外甥周翼两个小孩子一同去吃饭。乡里人说："我们都很饥饿穷困，因为您是值得尊敬的人，大家才想要一起接济您，恐怕兼顾不了其他人。"从此郗鉴独自去吃饭，每次都把饭含在两颊边，回家吐给两个孩子。后来三个人都活了下来，一起渡过长江。郗鉴去世时，周翼正在剡县做县令。他放弃官职回到家乡，在郗鉴灵床前铺草垫居丧，守孝三年。

陶渊明的祖上

陶公即陶侃，庐江浔阳（今江西九江）人，陶渊明的曾祖父，出身寒门，后成为东晋初期著名将领，多次平定叛乱，为稳定新政权立下了大功勋。

陶侃少时家贫，他从县里的打杂干起，一点点积蓄着冲天的力量。青壮年时代，陶侃来到当时的都城洛阳，经过一番周折，才在洛阳寻着一份差使。那段日子里，出身寒门、来自南方、毫无背景的陶侃，必须忍受着一次次的轻蔑。

有一天，他跟一个朋友同车去拜见顾荣，半道上遇见一位官员，这官员问他的那位朋友：你怎么跟小人同坐一辆车？

小人，指的就是寒门庶族了。

公元4世纪，中原大乱已成定局，在洛阳为官的吴国旧人，纷纷借机返回故乡，以躲避战火。在这种情况下，陶侃费了九牛二虎之力，求得荆州某县县令一职。

公元303年，流民张昌造反，荆州刺史刘弘率军平乱，陶侃也在其中。这是陶侃人生中最重要的转机。在这次平乱中，陶侃显示了自己出色的军事才华，被晋升为江夏太守，后来又历任广州刺史、荆州刺史。

由于出身寒微，陶侃懂得节俭，更知靠个人奋斗创建功业的不易。

做荆州刺史时，他下令积攒造船时剩下的锯木屑，下雪天时洒在地上，可以防摔；又叫人将官用毛竹的尖头留存下来，堆积如山的毛竹尖后来成为造船的竹钉。

然而，魏晋时期，"节俭"是跟"吝啬"挂钩的。

魏晋名士多出身高贵门第，自然不会为生计发愁，他们往往不过问且耻于说"钱"字。在他们看来，只有寒门小人，才崇尚节俭。因此，陶侃品性中的这一面，为主流名士所鄙视。他在意吗？他不在意，也不打算改。

晚年的陶侃官至太尉、荆江二州刺史，都督八州军事，为东晋第一实力人物。他似乎有过篡位的想法，但究竟有没有呢？后世的我们无从得知当时的情境，也无法猜测一位古人的心思。我们知道的仅是：驻扎京口的北府兵将领郗鉴的威慑作用太大了。此外，陶侃也深知：在世家大族掌握话语权的时代，像他这样的寒门人士打算改天换地，实在太难了。

晋成帝咸和九年（公元 334 年）夏，这位七十六岁的老人死于奔赴长沙的路上。

【原文】　陶公性检厉，勤于事。作荆州时，敕船官悉录锯木屑，不限多少，咸不解此意。后正会，值积雪始晴，听事前除雪后犹湿，于是悉用木屑覆之，都无所妨。官用竹皆令录厚头，积之如山。后桓宣武伐蜀，装船悉以作钉。又云：尝发所在竹篙，有一官长连根取之，仍当足，乃超两阶用之。

【译文】　陶侃平素严格约束自己，勤于事务。担任荆州刺史时，命令掌管建造船只的官吏把锯木头剩下的木屑全部收集起来，数量不限，大家都不明白他的用意。后来元旦朝会，正值大雪刚停，厅堂前面扫雪之后还是湿的，于是全部用木屑覆盖住，完全不妨碍行走出入。官府用的竹子，陶侃都要求把厚竹头收集起来，堆积得像座山。后来桓温攻打蜀地的成汉，组装战船时把这些竹头都用作钉子。又有人说：陶侃曾经征调过当地的竹篙，有一个主管官员把竹子连同竹根一起采伐，把竹根当作撑船时接触河底的部位，陶侃把他连升两级来任用。

贫者士之常

殷仲堪，陈郡长平（今河南西华）人，东晋清谈大师、重臣殷浩的族人。他生活在东晋后期，为人沉静清俭，晋孝武帝非常喜欢他。

太元十七年（公元 392 年），荆州刺史王忱死，孝武帝力排众议，任命当时还毫不起眼的殷仲堪为荆州刺史。

当时，面对野心勃勃的桓温之子桓玄的压迫，殷仲堪始终处于被动状态。

早些时候，为应对桓玄，殷仲堪与长江中游的另一股势力杨佺期结盟。结盟后的一天，殷仲堪于归途中路过庐山，拜会了一代名僧慧远。松柏下，名士与高僧盘坐，就《周易》展开辩论，不觉间暮色已染红寂静的山林。

那时候，正有山泉潺潺，慧远说：将军才思敏捷、聪明澄澈，就像这眼奔涌的泉水（后来，这眼泉便被命名为"聪明泉"）。又说道：只是，当下时局动荡，适合跃马纵横者，以将军的情怀，恐怕难以应对。

殷仲堪望着远山的落日，陷入沉默。告别慧远时，殷仲堪突然有一种冲动：想就此归隐，老死山林，远离那争斗的旋涡。但他终于没有回马再次奔向微笑的禅师。

晋安帝隆安三年（公元 399 年），桓玄出兵灭了殷仲堪的盟友杨佺期，然后挥兵攻打殷仲堪，殷仲堪因不敌而自杀。

在庐山留下聪明泉的殷仲堪最后还是死了。或许这是命运的错误安排吧，殷仲堪原本就不是个政治人物，只是一个文人，一个玄学爱好者，如果生活在东晋中期，自会成为兰亭雅集中的一员。而在东晋末年动荡的时局里，他身不由己。

桓玄率兵进攻之前，江陵一带逢水灾，收成锐减。作为地方长官，殷仲堪很节俭，吃饭时，米粒掉了，也不忘记捡起来放到嘴里。在饥荒年份，他这样做固然是想做出表率，但更是性格使然。殷仲堪曾对孩子们说过这样的话：不要以为我现在官做大了，就可以抛弃以前的生活习惯，其实没什么变化。安于清贫是士人的本分，怎能因为攀上了高枝就忘了这根本？

殷仲堪死了，他的话却随着那年的洪水漂流至今。

【原文】　殷仲堪既为荆州，值水俭，食常五碗，盘外无余肴，饭粒脱落盘席间，辄拾以啖之。虽欲率物，亦缘其性真素。每语子弟云："勿以我受任方州，云我豁平昔时意，今吾处之不易。贫者士之常，焉得登枝而捐其本！尔曹其存之。"

【译文】　殷仲堪担任荆州刺史后，遇到水灾，年成歉收。他吃饭时时往往只用五碗盘装菜，此外没有什么荤菜了。吃饭时如果有饭粒掉在桌上，他总是捡起来吃掉。他这样做虽然是为了给众人做表率，但也是因为他本性自然坦率。殷仲堪常这样告诫子弟："不要以为我担任了大州的长官，就可以抛弃往日的心愿，我现在依然没有改变。清贫是士人的本分，怎么可以一登上高枝就丢掉根本？你们一定要牢记我的话。"

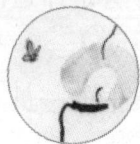

身无长物

　　一个大雪飘飞的天气里，有个清秀的年轻人，身着用仙鹤羽毛制成的大衣，行走在京口的大街上。此时天地间一片洁白，只见那青年从容淡定，徐徐而行，人们啧啧称赞："此真神仙中人也！"

　　此人就是东晋末年最重要的名士之一王恭。王恭，太原晋阳（今山西太原）人，风神洒脱，仪态过人。

　　再说说本则故事中另一个主人公王大。王大即王忱，也来自太原王氏，是大臣王坦之的儿子，小名叫佛大，亦称王大。魏晋时的人，大多有小名。王大这个人名气不大，但有个名气大的成语来自他。什么成语呢？后起之秀。关于"后起之秀"的故事是这样的：

　　王忱是儒学大师范宁的外甥。有一天，名士张玄来范宁家访问，跟王忱相遇。王忱盯着张玄，就是不说话，而张玄又不愿放下架子主动开口，于是失望告辞。事后，范宁责怪外甥：阿大呀，张玄是名士，既然有机会相遇，怎么不说话呢？王忱笑道：如果张玄想跟我交往，自然会到我家去！

　　后来果然如此。

　　范宁于是大喜，说：外甥啊，你真是后起之秀！王忱一笑：没你这样的舅舅，哪儿来我这样的外甥？

　　听上去有点互相吹捧的意思，但王忱却因此一举成名，使"后起之秀"这个词传遍整个东晋。

　　王恭和王忱虽然齐名，但具体到性格、追求上还是多有不同。

34

王恭以方直严肃著称，积极进取；王忱呢，则放达不羁一些，爱喝酒，想成为阮籍那样的人物。

他们年轻时，关系很不错。一个闷热的午后，王恭从会稽回到建康。王忱听到消息后，去探望。聊着聊着，王忱看到王恭身下的新竹席，便出声讨要。王恭欲言又止——他只有这一个竹席。但是在王忱走后，他还是叫人将竹席送了过去，自己就坐草垫子。

后来王忱知道了，跟王恭说：我以为你有多余的，才找你要的。王恭说：看来你还是不了解我，我为人有一原则——身边从来没有多余的东西（即"身无长物"）。

看上去，这貌似是个说节俭的故事。但是，身无长物跟节俭无关，说的是名士的一种境界：我所拥有的，一定是我必需的。不需要的，多一分都没有。这是一种简约与自足的状态，一个人的内心因此而不会被欲望牵绊。

【原文】　王恭从会稽还，王大看之，见其坐六尺簟（diàn），因语恭："卿东来，故应有此物，可以一领及我。"恭无言。大去后，即举所坐者送之。既无余席，便坐荐上。后大闻之甚惊，曰："吾本谓卿多，故求耳。"对曰："丈人不悉恭，恭作人无长物。"

【译文】　王恭从会稽回来，王忱去看望他，见到他坐着一张六尺长的竹席，于是对王恭说："你从东面来，当然会有这种东西，可以拿一张给我。"王恭不说话。王忱走后，王恭就拿自己坐的席子送给了他。由于没有多余的竹席，王恭就坐在草席上。王忱后来听说此事非常惊讶，说："我之前以为你有很多竹席，才会问你要。"王恭回答说："您不了解我，我平生没有多余的东西。"

第二章

放旷不羁

是帝王，也是名士

王仲宣即"建安七子"之一的诗人王粲。王粲，山阳高平（今山东微山）人，文采斐然，深受魏文帝曹丕喜爱。他死去时，魏文帝曹丕大为悲伤，亲临灵堂，让身边大臣学驴叫为他送行。

东汉后期和魏晋的名士率性不羁，无所束缚，很多名士都喜欢听驴叫。

西晋名士孙楚在好友王济的丧礼上，对着棺椁说：你生前最爱听我学驴叫，现在我就再为你叫一次！于是灵堂上突然响起了驴子的叫声，引得前来吊唁的宾客掩嘴而笑。孙楚抬头说道：为什么死的是王济这样的英才而不是你们！

现在，王粲喜欢听驴叫，皇帝曹丕在灵堂上也要大臣一起学驴叫。可以设想，约一千八百年前，在王粲的灵堂上，驴叫声此起彼伏，是怎样的情形。那曹丕本人有没有学驴叫？当然学了。不被儒家的传统礼法所拘束，从皇帝那里就这样做了，一个时代的风尚怎么可能不变？

看上去，貌似魏晋人爱好奇特，实则是听从内心的结果，由此才可以无拘无束、自由畅达。现在，我们无法理解的，便是当时见怪不怪的。

最后还是说说曹丕吧。曹丕击败弟弟曹植，接过父亲曹操开创的天下，建立魏，这是三国时代真正的开始。

曹丕做皇帝后，做的第一件事就是在大臣陈群的建议下建立

"九品中正制"，简单地说就是把人才分为九等：上上、上中、上下、中上、中中、中下、下上、下中、下下，朝廷在各州郡中设立"中正"这个职位，担任"中正"的人，工作只有一个：围绕着出身、德行和才华评议人物，然后向上级举荐。

在这个选官制度中，"中正"这个角色最重要，由各郡长官推举产生，或由朝廷里的官员兼任，他们基本上都来自世家大族。品评人才的内容有两方面：一是家世，二是品行才能。

九品中正制的出发点是好的，除看出身外，还注重人的德才。不过，西晋时期，大小"中正"已经完全被世家大族把持。出身不好的寒门子弟要想干出一番事业，真是太难了。

【原文】　王仲宣好驴鸣。既葬，文帝临其丧，顾语同游曰："王好驴鸣，可各作一声以送之。"赴客皆一作驴鸣。

【译文】　王粲喜欢听驴的鸣叫声。他去世下葬时，魏文帝曹丕前来吊丧，回头对同行的人说："王粲喜欢听驴叫，我们可以每人发出一声驴叫送别他。"去奔丧的客人都学了一声驴叫。

竹林七贤

　　"竹林七贤"这一称呼最开始出现在东晋的历史学家孙盛所著的《魏氏春秋》，后来，东晋的隐士戴逵写了一篇《竹林七贤论》，这个称谓便固定下来了。也就是说，竹林七贤是东晋时才被命名的。

　　竹林七贤的集会大约开始于魏正始五年（公元244年），主要活动时间在嘉平年间（公元249年—254年），主要活动地点在山阳县（今河南焦作境内的修武县）东北的一片竹林旁，那是嵇康的庄园。当时，魏国朝野有些乱，于是阮籍、嵇康、山涛、刘伶、阮咸、向秀、王戎，四个河南人，两个安徽人，一个山东人，在机缘巧合下，碰到了一起。

　　竹林七贤能聚在一起，关键人物是山涛。

　　山涛在正始五年（公元244年）的时候，正在山阳做小官，其间他结识了青年才俊嵇康，后又认识了阮籍，并把阮籍介绍给嵇康，三个人携手入竹林。接下来，山涛推荐了老乡向秀，阮籍则把侄子阮咸和当时还是少年的王戎带了进来，至于刘伶呢，大约是闻着酒味来的。

　　七个人在竹林中清谈、喝酒、弹琴，遗世而独立，不醉不归，名声渐渐大振。

　　关于竹林七贤的核心或者说领袖，存在一定争议。团体核心当然是最初的三个人：阮籍、嵇康和山涛。这没有争议。个体核心呢？有人认为是阮籍，有人认为是嵇康。

　　嵇康刚直高傲，是魏国的驸马，也是思想家、文论家兼打铁爱好者和音乐演奏家，代表作为《广陵散》《与山巨源绝交书》《养生论》等。因为他太刚直，死得又太有风骨，而且那么华美，人们往往将他视为竹林七贤的领袖。但去除偏爱，我们会发现：竹林七贤真正的领袖，仍是具有诗人身份的阮籍。

　　阮籍狂放不羁、颓废伤感，有浓郁的厌世主义倾向，具有诗人、饮酒爱好者和玄学家多重身份，代表作有《咏怀诗》八十二首等，先后做过司马懿、司马师和司马昭的幕僚。

　　此外，山涛深沉，刘伶放旷，阮咸率性，向秀透彻，王戎聪颖。

　　至于这七个人的生命结局：嵇康最终被司马昭所杀；阮籍放纵不羁，但当权者司马昭一次次地容忍他，最后得以善终；刘伶和阮咸，一个纯酒鬼，一个酒鬼兼音乐家，后皆不知所终；向秀一度为官，在仕途上没什么建树，但为我们留下《庄子注》；王戎和山涛仕途显赫，都成为西晋的重臣。

　　我们会依据自己的好恶来评定竹林七贤。但在晋代，名士们对这七人是不做优劣上的评论的。比如，北府兵名将谢玄等人想评论一下，被他的叔叔谢安制止，他告诉侄子：从先辈开始，就不去评论七贤的优劣，这是个传统！

　　从谢安的话中可以看出，对竹林七贤，名士们是无比尊重的。

　　虽然不能说魏晋风度就是竹林七贤的风度，但竹林七贤高逸的精神追求和不羁的处世方式，影响了后世士人，并在他们心中打下不可磨灭的烙印。

　　【原文】　陈留阮籍、谯国嵇康、河内山涛，三人年皆相比，康年少亚之。预此契者：沛国刘伶、陈留阮咸、河内向秀、琅邪王戎。七人常集于竹林之下，肆意酣畅，故世谓竹林七贤。

【译文】 陈留阮籍、谯国嵇康、河内山涛，三人的年龄都相近，嵇康略微年轻些。参与他们聚会的人还有：沛国刘伶、陈留阮咸、河内向秀、琅邪王戎。这七人常常在竹林里相聚，尽情畅快地饮酒，所以世人称他们为竹林七贤。

一个厌世者的孤独

竹林七贤领袖阮籍，字嗣宗，河南陈留尉氏（今河南陈留）人，生活在曹魏末年。阮籍是当时最出色的诗人，但后人谈起他时，更欣赏他惊世骇俗、鄙视儒家礼法的快意。魏晋名士的特点他都有：好老庄，谈玄学，不屑于儒家礼法，好酒能琴又能啸，放旷不羁，且有深情。

有一年，阮籍母亲去世。在晋文王司马昭的饭局上，阮籍照样大口吃肉，大口饮酒。一位大臣站起来指责他，说他不孝，阮籍就像没听到一样，神色没有一点改变，但是在给母亲下葬的时候，他只号哭了一声便吐血了。

还有一回，阮籍的嫂子回娘家，阮籍特意来告别，有人说这样不合礼教（按封建礼教，叔嫂之间要避嫌），阮籍冷笑着说：儒家的礼节岂是为我这样的人设置的？

好一个公然的反问！

阮籍这种对传统礼教的反叛和颠覆，对率真诚挚情怀的向往与追逐，千年后仍震烁着人们的内心。

史书记载，阮籍有两大爱好：饮酒、长啸。

阮籍爱酒，清醒时，放旷不羁；喝醉时，整日昏昏。他常独自驾车出游，随意去哪儿，没有目的，没有方向，走到无路可走的时候，他就大哭着返回。

史书上还记载，阮籍善啸，百步之外，都能清楚地听到。

当时，苏门山（在今河南辉县）中有隐者，阮籍很好奇，去拜访他，爬上苏门山后没多久，就远远望见峰顶处，有一人抱膝而坐。阮籍上前与那人对坐，对方面无表情。一开始，阮籍还尝试着与他沟通，沟通无果后，阮籍索性也不再说话，与那人对视。时间一分一秒过着，暮色渐起。阮籍再凝神向对面望去，那人仍无表情。阮籍忽然像明白了什么，对着他长啸了一通。那人突然笑了，说：你可以再啸一次。阮籍于是又长啸了一番，兴尽下山。走到半山腰的时候，山上传来响彻山林的长啸，正是刚才与他对坐了许久的人。

对阮籍来说，饮酒和长啸能舒展自己的心境。当然，作为那个时代最出色的诗人，真正能叫阮籍抒怀的还是诗歌。

阮籍给后世留下了两笔遗产：一是他的处世方式；二是八十二首《咏怀》诗。由此，将中国的古典诗歌向前推进了一步，而且是至为关键的一步。可以这样说，无论是文学建树还是处世方式对后代士人的影响，阮籍都是远远超越嵇康的。

晋朝建立前两年的公元263年，这位厌世的诗人终于孤独地死去。

【原文】　阮籍遭母丧，在晋文王坐进酒肉。司隶何曾亦在坐，曰："明公方以孝治天下，而阮籍以重丧，显于公坐，饮酒食肉，宜流之海外，以正风教。"文王曰："嗣宗毁顿如此，君不能共忧之，何谓！且有疾而饮酒食肉，固丧礼也！"籍饮啖不辍，神色自若。

【译文】　阮籍在母亲去世后服丧的时候，在司马昭的宴席上饮酒吃肉。司隶校尉何曾也在座，说："明公正在以孝道治理天下，阮籍却在为母亲服丧的时候，公然在您的宴席上饮酒吃肉，应当把他流放到边远地区，以端正风俗教化。"司马昭说："阮籍过于哀痛，身体毁损至此，你不能为他分忧，还说这些是要做什么！况且服丧时身体有病可以饮酒食肉，本来就符合丧礼！"其间阮籍不停地吃饭喝酒，神色自然。

刘伶纵酒

现在，可以说说魏晋时的职业酒鬼刘伶了。

刘伶的酒量有没有阮籍大，这一点还真不敢确定。但有一点没有疑义，那就是：他对酒的热爱，在纯粹度上，要超过阮籍。

刘伶，字伯伦，沛国（今安徽淮北）人。史书上记载他身长六尺，容貌丑陋。

刘伶给我们的印象是很滑稽的，其实他并不是个很外向的人，平时沉默少言，只与阮籍、嵇康、山涛等人交好，携手入林，终日饮酒。

一次他喝多了，在屋里脱了衣服手舞足蹈，路人偶然到他家里来看到了，觉得他这样很不像话，出言指责。刘伶反问道：天地是我的房屋，房屋是我的衣裤，你们跑到我的裤子里来了还指责我不像话，到底是谁不像话？

这一番强辩的话，真让人忍俊不禁。

魏晋名士与酒的关系，是很奇妙的。很多时候，他们须借酒达到超脱高远的境界。

刘伶喝酒很凶，正像我们知道的那样，他常乘鹿车，携一壶酒，使人带着锄头跟在身边，说：我要是喝死在这儿，就挖个洞把我就地埋了！

摊上这样一个丈夫，做妻子的可算倒霉了。最后，刘伶的妻子真急了，把他的酒器都给毁了，哭劝道：夫君啊！你喝酒太过，不

SHI SHUO XIN YU ZHONG DE GU SHI

是养生之道，就算我求你了，你戒酒吧！刘伶说：好呀！但靠我自己我戒不了，只有当着神像发誓才能戒！你准备点酒肉祭品去吧。

妻子听了，欢天喜地地备好了酒肉。只见在神像前，刘伶发誓：天生我刘伶，就是为喝酒来的，我喝一斛酒得用五斗酒才能浇醒！妇人之言，不可听！说完，刘伶拿起供桌上的酒，又一顿大喝，醉倒在地。

刘伶在仕途上也不怎么得意，只做过小官，但是他的大名却永载史册。"古来圣贤皆寂寞，惟有饮者留其名。"（李白《将进酒》）这说的是刘伶吧。

【原文】　　刘伶恒纵酒放达，或脱衣裸形在屋中，人见讥之。伶曰："我以天地为栋宇，屋室为裈衣，诸君何为入我裈中！"

【译文】　　刘伶常常纵情饮酒，不拘礼俗，有时在屋里脱下衣服赤身裸体，有人见到就讥笑他。刘伶说："我把天地当房屋，把房屋当裤子，你们为什么要到我的裤子里来？"

小阮的故事

很多人都知道，有一种古典乐器，名叫阮。其实，这种乐器的全名叫阮咸。阮咸，是一个人的名字。谁呢？阮籍的侄子，竹林七贤中的阮咸。

本条中的阮仲容即阮咸，在竹林七贤中酒量排在刘伶和阮籍后面，位列第三。爱喝酒的同时，他也是知名的音乐家，在为我们留下了一件乐器以及几个故事后，就悄悄消失在历史深处。

阮咸在竹林七贤中好像是最不起眼的，他内向寡欲，只是跟着叔叔阮籍，与大家一起喝酒，乐和乐和，没太多的想法。

作为那个时代的音乐家，阮咸精通音律，尤其擅长弹琵琶，琵琶是从西域古国龟兹传入中原的，阮咸改造了一番后，创造出一种新的弹拨乐器，后来被称为"阮咸"，简称"阮"。以一个人的名字而命名一种乐器，似乎只有阮咸享有了这种荣耀。

关于阮咸的故事，虽然不多，但却足够惊人。

按照魏晋风俗，七月初七，要在庭院中晾东西，其他人家都把家里最好的绫罗绸缎拿出来晾，而阮咸在院子里晾了条粗布短裤，别人问起来，阮咸只说：大家都晾晒衣物，我也不能免俗，但是我没有那些贵重的布料可晾，就晾条粗布短裤吧。话里话外，都是讽刺的味道。

阮咸跟族人宴饮，他不用一般的酒杯喝酒，嫌小，喝得不痛快，就围坐在酒瓮旁，用大瓢舀酒狂饮。没一会儿，一群没有关好的猪闻着酒香过来了，挤在阮咸旁边喝酒。阮咸也不驱赶，与群猪共饮，不亦乐乎。关于魏晋名士与酒的故事，在这里达到极致。

阮咸有两个儿子，长子叫阮瞻，次子叫阮孚。据《世说新语》的记载，竹林七贤的后代中最有才华、最著名的是阮瞻。阮孚呢，他与父亲一样，也酷爱喝酒，曾摘下帽子上的名贵貂饰去换美酒，有"金貂换酒"的故事。不过，他最大的爱好，还不是喝酒，而是收集鞋子。他会把收藏的鞋子都编上号，按风格分类，绝对算古代的鞋子达人了。

【原文】　诸阮皆能饮酒，仲容至宗人间共集，不复用常杯斟酌，以大瓮盛酒，围坐相向大酌。时有群猪来饮，直接去上，便共饮之。

【译文】　阮姓一族的人都能喝酒，阮籍来到族人中聚会，就不再用普通的杯子倒酒喝，而是用大酒瓮装酒，大家围坐在瓮前，面对面大喝一番。当时有一群猪也来寻酒喝，径直来到酒瓮前，阮咸也就和猪一起喝起来。

洒脱与雅量

王浑，太原晋阳（今山西太原）人，征东大将军，晋武帝太康元年（公元 280 年），与王濬、杜预一起发兵东吴，统一全国。

王浑的儿子王武子，也就是王济，是晋武帝司马炎的女婿，也是西晋名士中最有气魄的：不仅会清谈，箭射得还特别好，容颜俊朗硬派，性格豪爽，行为洒脱。

但别着急，还有比王济洒脱的。谁？王济的母亲，即王浑的妻子钟琰，她出身颍川士族钟家，是著名书法家钟繇的曾孙女，名士卫玠的外祖母，绝非等闲之辈。

钟琰聪明幽默，人长得漂亮。出身名士家庭的她，在魏晋环境下，自然也具有那个时代的风骨。比如王浑跟钟琰在庭院里消夏的时候，儿子王济身姿潇洒地扛着把斧头从前庭走过。王浑见了，十分欣慰，跟妻子说：你我生了这样一个儿子，足慰平生。

钟琰莞尔一笑：假如当初我嫁给你弟弟王沦，生出来的儿子一定超过王济。言下之意，王浑不如自己的弟弟王沦。我们不知道王浑当时说了些什么。但我们知道，这话要是放在后世或者现在，场面不但幽默不起来，反而会引发家庭矛盾。

还好，对话发生在崇尚风流洒脱的魏晋时期。王浑活到了七十四，儿子王济都已经死了，他还健康快乐地活着。

前面讲到王济扛着斧头。他干什么去呢？去砍姐夫的李子树。他姐夫是谁？西晋大臣和峤。和峤极吝啬，和峤家的果园中有一棵好李树，果实味道鲜美，即使和峤的亲戚来吃，他也会根据吃剩下的核来计算数量，最终让他们交钱。即使当朝皇帝司马炎来讨，他也只送去几十个。

这一天，王济来了。和峤十分"慷慨"地给了他几十个李子吃。这对于和峤来说，已是偏爱到极致了；但是对于王济来说，远远不够。于是某一天午后，他趁和峤出门，带着一群年轻力壮的家丁，拎着斧头摸进和家果园。一顿狂吃后，还把李树砍了。砍完了还不算，他将树枝装上车，没拉回家，而是给和峤送去，并问：比起你家的李树如何？和峤一看，知道是自己家的李树，但也只是笑笑而已。

是恶作剧吗？王济率性如此。和峤虽然吝啬，但当他看到自己的李子树已经变成一堆劈柴后，并没有向王济发怒，还把满满一车树枝收下，一笑了之。

这就是魏晋风度。在这里，讲的不是宽容问题，而是雅量问题。到底什么是雅量，后面我们会讲到。

【原文】 王浑与妇钟氏共坐，见武子从庭过，浑欣然谓妇曰："生儿如此，足慰人意。"妇笑曰："若使新妇得配参军，生儿故可不啻如此！"

【译文】 王浑和妻子钟氏在一起坐着，看见他们的儿子武子从庭院中走过，王浑高兴地对妻子说："生个这样的儿子，足以让人感到满意了。"他的妻子笑着说："如果我能婚配参军，生下的儿子还不只是这样的。"

即时一杯酒

　　张季鹰即张翰，吴郡吴县（今江苏苏州）人，出自江东大族，为人放旷不羁。张翰也特别能喝酒，几乎与阮籍并称，人称"江东步兵"（阮籍曾担任步兵校尉一职）。既有此大名，有人便问了：你这样放旷，也许现在舒服，但就不想想死后的名声吗？张翰答：身后名不如现在一杯酒！

　　一个人生活在世界上，是为身后名而压抑自己，还是活出真我，追求生命本身的自足和每个片段的愉悦？魏晋名士选择了后者。

　　继续说张翰的故事。

　　有一天，秋风乍起，张翰跟身边的北方同事说：这个季节，江南尽是美食，你们可吃过我们吴中的菰菜、莼羹和鲈鱼脍？左右皆摇头，问什么味道。张翰大笑答道：妙不可言！

　　接着张翰突然伤感起来，自言自语地说：人生在世，贵在自得，怎么能为了做官而远离家乡跑到数千里之外？！当天晚上，他就叫人准备车辆起程返回江南。

　　张翰走后，他说的那句话在北方同事中传了很久，连他的上司齐王司马冏也啧啧称赞。

　　而且，张翰的弃官回家还为他赢得了生存的机会。张翰跑了没多久，长沙王司马乂便举兵灭了齐王司马冏，齐王部下多难逃一死，只有张翰逃过一劫。当时的人们都称赞他机警。

　　何止是机警，更是洒落，为了家乡的美食逃跑，很有名士风度呢。

【原文】　张季鹰纵任不拘，时人号为"江东步兵"。或谓之曰："卿乃可纵适一时，独不为身后名邪？"答曰："使我有身后名，不如即时一杯酒！"

【译文】　张翰纵情任性，不拘礼节，当时的人称他为"江东的阮籍"。有人对他说："你确实可以纵情任意一时，难道不为身后的名声考虑吗？"张翰答道："让我有身后的名声，不如现在喝下一杯酒！"

虱子秀

顾和是顾荣的侄子，吴郡吴县（今江苏苏州）人，少年即展露才华，顾荣非常欣赏他：这是我家中的麒麟，将来能够振兴我们家族的，只有他了！

顾和最初只是时任扬州刺史的王导手下的小官，一天众人聚集在刺史府门前，准备开会。顾和也乘车到了，他慢悠悠下车，坐在太阳地里捉起衣服里的虱子。同事们从他眼前走过，不时地往他这边张望，有人捂嘴窃笑，顾和不为所动，神色从容。

大臣周顗（yǐ）也看到顾和了，一番问答后，觉得顾和是个人才，便向王导举荐了一番。在王导的照顾和提拔下，顾和正式开始了自己的仕途。他没让叔叔顾荣失望，后来果然成为东晋的重臣。

现在看来，这位顾和坐在自己上级的府门前捉虱子，多少有那么一点作秀的嫌疑。但是在当时的社会背景下，一个人要想引起别人的注意，在个人事业上有大发展，获得大声誉，最好的办法是语出惊人，而无须步步为营。

当然，捉虱子本身不是假的，这跟当时的魏晋名士服食五石散的习惯有关。

五石散是张仲景的发明，他最初研制此药为的是给人治伤寒，因为人们服用后会全身发热。到了三国时魏国玄学家何晏那里，他有可能对五石散进行了改造，加入了新的东西。至于是什么，我们不得而知。总之，何晏掀起了名士服用五石散的风潮。吃完五石散，人不但浑身发热，还处于兴奋癫狂状态，需要行走散热，即"行散"（"散步"一词的源头）。这时候，除了饮热酒外，还需要穿单衣肥袍，加上长时间不洗澡不换衣服（新衣质地坚硬，不利"行散"），身上长虱子也就不新鲜了。

王导门外的顾和，之所以捉虱子，就是出于这个原因。

【原文】　顾和始为扬州从事，月旦当朝，未入顷，停车州门外。周侯诣丞相，历和车边，和觅虱，夷然不动。周既过，反还，指顾心曰："此中何所有？"顾搏虱如故，徐应曰："此中最是难测地。"周侯既入，语丞相曰："卿州吏中有一令仆才。"

【译文】　顾和刚当任扬州府从事，初一这天应当朝会，还没进去的时候，他停车在州衙门外。这时武城侯周顗去拜访丞相王导，从顾和的车子旁边经过，顾和正在抓虱子，安闲自在，没有动弹。周侯过去了，又折回来，指着顾和的胸口问道："这里面有什么？"顾和照样捉虱子，慢悠悠地回答说："这里面是最难捉摸的地方。"周侯进府后，对丞相王导说："你的下属里有一个可做尚书令或仆射的人才。"

支遁放鹤

支公即清谈大师支遁，字道林，陈留（今河南陈留）人，生活在东晋中期的他，是在《世说新语》中出场最多的僧人。

支遁容貌奇异。一次，他的好友王廞（xīn）生病了，吩咐下去不见任何人，支遁来了，守门人去通报王廞：门外有一个相貌奇异的人，我不敢不开门。王廞笑着说：这一定是林公（即支遁）了。

支遁虽是佛门中人，但喜欢老庄之学，以佛理阐释老庄，轰动一时。此外，他还爱养马放鹤，畅游山水。

关于养马，有人议论：一个和尚家的，天天玩马……支遁答：我爱的仅仅是马那神骏的气韵，你等俗人哪知其中奥妙！

当然，支遁更爱养鹤。竹与鹤是东晋名士们标榜情怀的符号，支遁养了一群鹤，天天徜徉其间。当然，也遇到了一些烦恼，比如有的仙鹤养着养着就飞走了，这实在让支遁郁闷。后来，为了防止它们飞走，支遁的弟子为他出了个主意：何不把它们的翅膀管剪短？支遁一听，觉得是个不错的办法，依计而行，那些仙鹤果然老实了不少。

一次，有朋友慕名拜访支遁，带来一对小鹤作为礼物，支遁特别高兴。后来，这对小鹤渐渐长大了，翅膀管硬了，也有想飞的苗头，支遁照样将它们翅膀管给剪短了：这回你们俩飞不了了吧?! 两只小鹤回头看看翅膀，郁闷而忧伤地低下头。

望着被剪秃了的仙鹤，支遁突然难受起来：鹤本云中物，飞冲云霄是天性，怎能够将它们束缚起来做玩物?！

自此，大师再也不干剪鹤的翅膀管的事儿了。

等那两只仙鹤的羽翼丰满后，支遁登上高山将其放飞。按宗白华先生的说法："晋人酷爱自己精神的自由，才能推己及物，有这意义伟大的动作（支遁放鹤）。这种精神上的真自由、真解放，才能把我们的胸襟像一朵花似的展开，接受宇宙和人生的全景，了解它的意义，体会它的深沉的境地。"

【原文】　支公好鹤，住剡东岇（mǎo）山。有人遗其双鹤。少时翅长欲飞，支意惜之，乃铩（shā）其翮（hé）。鹤轩翥（zhù）不复能飞，乃反顾翅，垂头，视之如有懊丧意。林曰："既有凌霄之姿，何肯为人作耳目近玩!"养令翮成，置，使飞去。

【译文】　支遁喜欢鹤，他住在剡县东面的岇山。有人送他两只鹤。不久，鹤的翅膀长大，想要飞走，支遁舍不得放走它们，就折断了它们的大羽毛。鹤高举翅膀却飞不起来，于是回看翅膀，低着头，看上去好像心情懊恼沮丧。支遁说："既然它们能有飞入云霄的体格，怎么会愿意待在人身边，做愉悦耳目的玩物!"于是喂养到两只鹤的羽翼重新长成，放置在空地，让它们自己飞走。

雪夜访戴

　　王徽之，字子猷，王羲之第五子。王羲之有七个儿子，最著名的，除王徽之外，当然还有王献之。王献之跟父亲一样，靠书法名留千古；王徽之呢，则仅仅靠几段故事。

　　有一次，王徽之去拜访一位隐士，而隐士旅行去了，他就住进人家的庭院，第一件事就是叫人种上竹子。有人问：只是暂住而已，为什么要那么麻烦地种上竹子？王徽之指着眼前的竹子说：怎么能一天没有它呢？

　　本则故事中，在眼下这个下着雪的冬天傍晚，正在会稽山阴寓所沉睡的王徽之醒了，他叫侍从温酒，转身打开屋门，一股清寒之气扑面而来。

　　庭院中，雪下得正急，仿佛要压断庭中大树和远处的山峦。

　　遥望暮色中大雪纷飞的世界，他一阵欣喜，饮酒弹琴，把这个寻常的晚上营造得熠熠生辉。

　　突然，他想到老朋友、艺术家戴逵。戴逵，字安道，谯郡铚县（今安徽濉溪）人，是那个时代最出色的雕塑家和画家，与王徽之最为交好。

　　现在，心血来潮的徽之叫侍从备船，去拜访戴逵。

　　经过一夜行船，黎明时，王徽之终于看到戴逵在河边的寓所。下船后，王徽之来到戴逵宅前，他慢慢抬起手，但终于没拍下去。他转身上船，又顺着原路回来了。日后有人问起缘故，他回答：我本是乘兴而去，兴尽了便返回，何必一定要见到他呢？

魏晋名士重情怀，更重情怀的自由：我愿意做我想做的，我不愿意做我不想做的，我每一刻都为内心而活着。无论如何，王徽之雪夜访戴的故事完美展示和诠释了魏晋情怀。

在缓慢的光阴中，王徽之等来了晋孝武帝太元十一年（公元386年）。这一年，徽之和弟弟献之都病重，而献之先过世了。献之死时，徽之并不知道，直至两天后都没有听到弟弟的消息，他猜测献之已不在人世，但此时似乎并不悲伤。

随后，他驾车奔丧，一路情绪平静。

献之也好琴，于是徽之进灵堂后，坐在榻上，叫人拿来弟弟生前的琴，俯身弹奏，竟曲不成调，于是他将琴掷在地上，大哭着说："子敬（王献之的字），子敬，人琴俱亡！"随后悲痛得昏了过去。

一个多月后，王徽之也死了。

这是令人动容的一段魏晋往事。

【原文】　王子猷居山阴，夜大雪，眠觉，开室，命酌酒。四望皎然，因起彷徨，咏左思《招隐》诗。忽忆戴安道，时戴在剡，即便夜乘小船就之。经宿方至，造门不前而返。人问其故，王曰："吾本乘兴而行，兴尽而返，何必见戴！"

【译文】　王徽之住在山阴的时候，一天夜晚下大雪，他睡觉醒来，打开窗户，命人倒酒来喝。他环顾四周，一片洁白，于是起来徘徊，念诵左思的《招隐》诗。忽然他想起戴逵，当时戴逵在剡县，他立刻连夜乘坐小船去戴逵那里。过了一夜才走到戴逵的住处，他到了门口却不进去。有人问原因，王徽之说："我本来就是乘着兴致而来，没了兴致就返回，何必非要见到戴逵！"

青溪听曲

魏晋时人从容随性，不被世俗所累，所做之事在后人看来不可思议，但却又是合理的。这个理，只与初心有关。

还是王徽之的故事。他行船到了京城建康的青溪边，还没登岸。这时候，遇见桓伊乘车由岸上经过。

桓伊，字子野，来自桓氏家族。他为人清简高雅，不仅在军事方面极有建树，而且还是位流行音乐家，尤善吹笛，著名古曲《梅花引》即《梅花三弄》，就是桓伊创作的，一开始是笛曲，后人改编为古琴曲。

王徽之和桓伊相遇于青溪岸边，应该是在淝水之战后。此时的桓伊因淝水之战一战成名，身份显赫，已经封侯了。王徽之不管那一套。他看到有锦车路过，问朋友岸上是何人，朋友说是桓伊。

王徽之听说过桓伊，知道他是当世超一流的笛子演奏家，于是跟朋友说：你给我带个话过去，说王徽之请桓子野吹笛一曲。

朋友感到为难：这样不太好吧。您自是高门大族，但桓伊也不是一般人啊。淝水之战中，他与谢家子弟大破前秦苻坚的百万兵马，功名赫赫，怎会停下车来随便给您吹笛子玩儿？况且您跟他并不认识，更谈不上交情。

王徽之笑道：你前去传话吧，其他的就不用管了。

朋友疑惑地看着王徽之，最后还是上岸拦住车队，硬着头皮把意思跟桓伊说了。

桓伊也听说过王徽之的大名，他向王徽之的船看去，好久都没说话。

王徽之那位朋友以为桓伊生气了，吓得一路小跑回到船上。此时，王徽之已登船头，那位朋友还在惶惑间，岸上已有悠扬的笛声传来。

王徽之临风而立，闭目欣赏。朋友回望，只见桓伊两手抚笛，面色悠然地吹着，吹的正是他自己的原创曲子《梅花引》。笛声深情忧伤，一如青溪水，流淌在人心间。吹完，桓伊上车而去，王徽之也不表示感谢，客、主没说一句话。

一个提出无理要求，一个从容应允，摒弃约定俗成之礼，只由心中性情。你想听，我来奏。曲终，你我擦肩而过，何必说话？说一句话，都是多余的。

在繁文缛节的人生和时代里，学学桓子野和王徽之吧，或仅仅把东晋青溪岸边的一幕留于心中，也是好的。

【原文】　王子猷出都，尚在渚下。旧闻桓子野善吹笛，而不相识。遇桓于岸上过，王在船中，客有识之者，云是桓子野。王便令人与相闻，云："闻君善吹笛，试为我一奏。"桓时已贵显，素闻王名，即便回下车，踞胡床，为作三调。弄毕，便上车去。客主不交一言。

【译文】　王徽之到京都，船还停在青溪边。他先前就听说桓伊擅长吹笛子，但不认识。正逢桓伊从岸上经过，王徽之在船上，客人中有认识桓伊的，说这就是桓子野。王徽之就派人去传话，说："听说您擅长吹奏笛子，可否为我吹一吹。"桓伊当时已身贵位显，久闻王徽之大名，立即转身下车，坐在胡床上，为王徽之吹奏。吹奏完，桓伊上车离去。客主二人未曾说一句话。

悲催的司马曜

　　随心放旷、率性而为，魏晋的奇异表现在自由的普遍性上：从皇帝那里就讲率性，你又如何让下面的名士们不这样？

　　东晋简文帝司马昱死了，孝武帝司马曜即位。守丧期间，按传统礼数，每到一个时刻，孝子都要在棺材前放声大哭。

　　这一天，天色将晚，宫殿里陈放着漆黑又华丽的棺材，但司马曜仍没来灵堂哭，负责孝礼的官员前去寻找皇帝，发现这少年皇帝正在游华林园，便出言提醒：陛下，按规矩，您应该去哭了！

　　司马曜听后很别扭，回头说：一个人哀伤了自然会哭，这种事怎么还有死规定？

　　一个时代的可爱与伟大莫过于此。

　　但这位皇帝的人生末路很悲催。那是太元二十一年（公元396年）九月，这位皇帝迎来了死亡前的最后一刻。这天，他和宠妃张贵人对饮。司马曜爱酒，是晋代皇帝中最能喝的。他喝多了，随口开了句玩笑，说：贵人！你已快三十岁了，以这个年龄，小心被废了哟。

　　张贵人听后大吃一惊——她信以为真了。

　　入夜后，中国古代后宫离奇的一幕出现了：在张贵人的指挥下，两个胆子更大的宫女，用厚厚的被子，把酒后昏睡的司马曜活活闷死了。

　　何常之有！

那句话，终为孝武帝的死做了一个注脚。

第二天，张贵人向大臣宣布：皇帝魇崩。就是说，皇帝在睡梦中突然死去了。最离奇的是，大臣们听后，还就都相信了，对皇帝的暴死没进行任何调查，就开始忙活新皇帝的即位。或者说，这就是他们希望看到的局面。因为新皇帝，也就是司马曜的长子司马德宗，是一个智力低下的皇帝。如果龙椅上坐的是白痴，大臣就更好专权了。

东晋就这样逐渐走向灭亡。

【原文】　简文崩，孝武年十余岁立，至暝（míng）不临。左右启："依常应临。"帝曰："哀至则哭，何常之有！"

【译文】　简文帝驾崩，年方十多岁的孝武帝被立为皇帝，直到天黑他也不哭丧。侍从告诉他："按照常规，您应当为先帝哭丧。"孝武帝说："悲痛的心情到了一定程度就会哭，哪有什么一定之规？"

吃羊去

　　罗友是襄阳人，少时家贫，性好美食，为人不拘小节，后来官至广州刺史、益州刺史。早些年，在桓温担任荆州刺史的时候，罗友还在他幕府中任职。

　　这一天，桓温为王导之子、车骑将军王洽开欢送宴，桌上满是荆楚美食。由于级别不够，罗友本来是没机会参加这个局的。但大家刚吃了一会儿，就看到他急匆匆进来了，随后找了个位子坐下，眼睛不时环顾左右。

　　桓温以为罗友有要事禀报，就放下筷子。过了好一会儿，罗友也没说什么，而是在那里大吃起来。王洽很好奇，看了看桓温，后者耸了一下肩膀，表示自己也不知道怎么回事。又过了一会儿，罗友起身打算走。

　　桓温再也忍不住了，喊住他，说：我看你刚才急匆匆地进来，有什么事情禀报吗？怎么还没说就要走？

　　罗友擦了擦嘴角的油水，朝桓温抱拳施礼，说：也没什么事，我早就听说白羊肉味道鲜美，但以前从未吃过，今天您给王将军饯行，我听说准备了蒸白羊，就前来尝尝是什么味道。现在吃饱了，我该告辞了，你们接着吃。

　　罗友说话时，了无愧色。

　　桓温捋着胡须，望着自己的这位幕僚，微微点头，意思好像是：这么回事啊？又像在自责：跟了我那么多年，居然连白羊肉也没吃上。桓温看了看王洽，后者笑而不语。

就这样，罗友来了，吃了，然后走了。

【原文】 罗友作荆州从事，桓宣武为王车骑集别，友进坐良久，辞出。宣武曰："卿向欲咨事，何以便去？"答曰："友闻白羊肉美，一生未曾得吃，故冒求前耳，无事可咨。今已饱，不复须驻。"了无惭色。

【译文】 罗友担任荆州刺史桓温的从事时，桓温举行宴会为王洽送别，罗友进来坐了很久，告辞准备出去。桓温问："你刚才想问事情，怎么还没问就走了？"罗友答："我听说白羊肉味道鲜美，有生以来还没吃过，所以才冒昧地请求见面，并没有事情想问。现在我吃饱了，不需要再在这里。"完全没有羞愧的表情。

拿酒来

桓温少子桓南郡，即桓玄，字灵宝，到二十三岁时才被朝廷征召为太子洗马（辅佐、教导太子的官职）。他去京城建康赴任，船过江陵，停在荻渚岸，荆州刺史王忱前来探望桓玄。当时，他刚服过五石散。上船后，桓玄用冷酒招待他，王忱半躺着身子笑道：让我喝冷酒？这是要我命啊。上温酒来！

服五石散后，须喝温酒行散，否则有性命之忧。西晋大臣兼地理学家裴秀，就是不慎用冷酒行散丧命的。所以说，王忱的要求很恰当。但是，桓玄却默然了，一时不知如何应答。正像我们知道的那样，古人在名字避讳方面极严格，王忱提到桓玄父亲桓温的名字，这是对桓玄的大不敬。

见桓玄沉默，王忱又大呼：上温酒来！

桓玄听了热泪盈眶，除了因为父亲的名字"温"屡次被王忱呼喊外，还因为他想到这些年自己的境遇——二十三岁为官，对一个士族子弟来说已经很晚了，朝廷谨慎使用桓玄是因为他的父亲桓温在晚年有篡逆之心——甚至想到父亲曾经的辉煌和现在家族的遭遇，一时间，桓玄百感交集。

后来王忱明白过来，有点不好意思，想下船离去。桓玄一把将王忱抓住，一边用手巾掩泪，一边说：别走！你犯我家讳，我难过我的，跟你有什么关系?! 王忱感叹道：你可真是放达！

按《世说新语》记载，桓玄生气时，爱说这样一句口头禅：

"君得哀家梨，当复蒸食不？（你得到这么大个的甜梨，不会再煮着吃了吧？）"相传，汉代秣陵人哀仲家的梨子味道十分甜美，后人便以哀家梨指代甜美的梨子。味道甜美的梨子，自然是即食最好，煮着吃便是暴殄天物。桓玄这句话意在讽刺没眼光的人去糟蹋美好的东西。

说起来，很多成语出自《世说新语》，比如这个我们比较陌生的"哀梨蒸食"。

现在，桓玄没对王忱说自己的口头禅，可以证明他确实没生气。

【原文】　桓南郡被召作太子洗马，船泊荻渚。王大服散后已小醉，往看桓。桓为设酒，不能冷饮，频语左右令"温酒来"。桓乃流涕呜咽，王便欲去。桓以手巾掩泪，因谓王曰："犯我家讳，何预卿事！"王叹曰："灵宝故自达！"

【译文】　桓玄被征召为太子洗马，他的船停泊在荻渚。王忱服用寒食散后已经有些醉意，前去看望桓玄。桓玄为他准备了酒，因为服用寒食散后不能喝冷酒，王忱就频繁命令左右侍从："把酒温热再送来！"桓玄竟然流泪哭泣，王忱便想离开。桓玄用手巾擦去眼泪，并对王忱说："犯了我的家讳，关你什么事！"王忱感叹说："桓玄确实旷达！"

第三章

奇言妙语

覆巢之下

孔融，字文举，鲁国（今山东曲阜）人，孔子第二十世孙，东汉灵帝时，他因为出身高门被推举到朝廷做官，后来担任北海太守，代领青州刺史。

献帝建安元年（公元196年），袁绍骚扰青州，兵临城下。但孔融一点都不紧张，开卷读书，一如往日。有的人在危情下不着急，是因为早就想好应对办法了；孔融的厉害之处在于，在根本不知道怎么退敌的前提下，仍能做到谈笑风生。

青州就这么沦陷了，还好，陷城前，孔融逃了出来。

三国时代，是权谋的时代。对于孔融来说，大约是很难应对的，哪怕他的智商非常高。

先说说孔融小时候的一件事吧。孔融十岁时，跟父亲到首都洛阳。当时，能被重臣名士李膺接见，被称为"登龙门"，难度是非常大的。但小孩孔融不管这些，他一个人来到李府门前，对看门的说：我是你家主人的亲戚，快去通禀一声吧！看门的见是个孩子，似乎不像在撒谎，便通禀给李膺。

入府后，望着孔融，李膺有些愣神：孩子，我好像不认识你啊，你跟我有什么亲？孔融说：我的先祖孔子曾拜您的先祖老子为师，所以我们是世交啊！李膺和周围的宾客互相看看，知道这孩子原来是孔子的后代。

李膺很欣赏孔融的机敏，热情地款待了孔融。正在这时，一名叫陈韪的官员来了，有宾客把孔融刚才说的话转述给陈韪，陈大人听后矜持地摇摇头，说：小时候聪明，长大了就未必了！孔融马上转头应答道：想必您小时候一定很聪明。陈韪顿时一脑门汗，李膺和宾客放声大笑。

接着说跑出青州的孔融。他带着家眷，一口气逃到了天子所在的许昌。许昌的中心人物自然是曹操，但孔融不那么认为，没多久，他的寓所，就成了许昌最热闹的地方，每天都聚着一大批人，讲谈文学，品评人物，议论政治，推荐新人。

曹操有点烦。他和孔融之间是互相轻视的。孔融是孔子的后代，曹操不在乎；孔融写的东西，曹操不屑。对于曹操，孔融更看不上，包括曹操的出身，还包括曹操的为人。两人之间发生了很多不愉快。

建安十三年（公元208年）秋，有人网罗孔融的罪名，当然也可以被认为是在曹操的指使下干的。于是，借此机会，曹操要把孔融满门处死。

孔融先被逮捕，这给许昌、洛阳和长安的知识界造成巨大震动，人心惶惶。孔融的两个孩子却很平静。他们还不到十岁，父亲被逮捕的那天，两个孩子像往常一样在庭院里游戏。听到父亲说的那句希望不要连累到孩子的话，孔融的大儿子站起身来，对父亲说：覆巢之下，安有完卵。果然，孔融入狱没两天，两个孩子也被逮捕了。

生不逢时！若在清平的治世，孔融想必会干得很好；但在三国乱世，性格刚直、简傲的他，不与当权者合作的同时，又喜欢坐在一旁议论时政，自然不会为曹操所容。

说到底，孔融之死是性格酿成的悲剧。

【原文】 孔融被收，中外惶怖。时融儿大者九岁，小者八岁，二儿故琢钉戏，了无遽容。融谓使者曰："冀罪止于身，二儿可得全不?"儿徐进曰:"大人岂见覆巢之下复有完卵乎?"寻亦收至。

【译文】　孔融被拘捕,孔家内外都很恐惧。当时孔融的儿子大的九岁,小的八岁,两个孩子依旧在玩琢钉戏,完全没有害怕的脸色。孔融对奉命来逮捕他的人说:"希望只惩罚我一个人,保全两个儿子的性命可以吗?"儿子从容地上前说:"父亲您难道见过打翻的鸟巢下还有完整的鸟蛋吗?"不久,来拘捕两个儿子的人也到了。

贵公子钟会

钟会，颍川长社（今河南长葛东）人，三国时期魏国太傅、书法家钟繇的小儿子，曾祖父是与陈寔、荀淑齐名的颍川长者钟皓。

在那个时代，来自颍川，又是钟家之后，钟会想不成为风云人物都不行。更何况，钟会从小就显露出了过人的才华与胆识。当他还是个十几岁的少年时，他和哥哥钟毓一起被魏文帝曹丕接见。在大殿上，面对皇帝，两个少年战战兢兢，钟毓流汗不止。曹丕问钟毓：你为何一直在流汗？钟毓答：因为战战惶惶，所以流汗如浆。曹丕随后又问钟会：你为什么不流汗？钟会答：因为战战栗栗，所以汗不敢出呀。曹丕大笑。

言辞往来上，钟会很少输。

还有一次，晋文帝司马昭跟大臣陈泰、陈骞一起坐车出门，路过钟会家门口的时候，司马昭有意捉弄钟会，于是让二陈大喊钟会的名字。

等钟会出来时，司马昭和二陈却驾车跑了。

好不容易，钟会才从后面追上来，司马大将军回头嘲笑道：跟人家约好同行，为什么迟到了呢？大家都等你来，你却遥遥不至。

古人忌讳提对方父辈祖辈的名字，在这里司马昭巧用了同音字"遥"，点了钟会的父亲钟繇的名字。钟会当然听出了门道，于是答："矫然懿实，何必同群？"意思是说，懿德（美好的德行）充实矫然出众的人，为何一定要跟大家合群呢？

陈泰之父是陈群，陈骞之父是陈矫，司马昭之父是司马懿，钟会一句话点了他们三个人的父亲的名字，反应可谓奇快，令司马昭和二陈措手不及。

随后，司马昭又问：皋繇是什么样的人？

钟会回答：虽然上不及尧、舜，下不及周、孔，但也是懿德之士！

钟会再次迅速回击了司马昭。司马昭大笑。

魏晋时是非常讲究避讳的，两个人聊天，一方不能说出另一方父亲和长辈的名字，同音字也不行，否则会被认为是不敬。但同时，不少名士又超越了这一限制。上面故事中的司马昭和钟会就是这样。

钟会相貌俊秀，脑瓜聪明，又为贵公子，坐下能清谈，上马能带兵，魏国上下视其为宝贝。但同时，他为人刻薄，心胸狭窄，如此一来，他就不得不面对魏国最俊朗和最有才华的名士嵇康。他们一个是曹家皇帝的女婿，一个是司马大将军跟前的红人。两人都很傲。矛盾，也就势必难免了。

其实，几年前，钟会还没出名时，就已经带着自己的文章拜访过一次嵇康了。

那时候钟会没有自信，担心嵇康会挑剔自己的文章，踌躇良久，最后一咬牙，把那卷文章隔着墙头扔进了嵇宅，随后一溜烟跑掉了。后续如何，不知道。

眼下，钟会再次拜访嵇康。与当年有了些区别，现在钟会已是司马昭帐下炙手可热的人物了，他带着一行人浩浩荡荡地去了。

嵇康正跟好友向秀在家门口的大树下忙活着。忙什么呢？打铁。嵇康的这个爱好由来已久，小时候家贫时如此，长大出名后也没改。

钟会带人来后，嵇康并未停工。这时候，正在一旁拉着风箱的向秀提醒嵇康：有人来了，前面那个像是钟会。

嵇康仿佛没听见，旁若无人地打铁。

钟会站在光着膀子的嵇康身边，嵇康没有要搭理他的意思。过了好久，钟会忍不住了，转身要离去。这时候，嵇康才从背后问了一句：你听到什么而来？又看到什么而去？

钟会没回头地答道：我听到所听到的而来，看到所看到的而去！

大树下的这次"见面"似乎为嵇康之死埋下了伏笔。钟会觉得被轻视了，心里有了恨意。

后来，嵇康因替好友辩解而受牵连下狱，钟会趁机在司马昭面前说了些关键的话，让一度犹豫不决的司马昭最终下了斩杀嵇康的决心。

当然，钟会自己也没有好下场。在帮助司马家族夺得魏国政权后，他拥兵自重，打算自立为王，又反过来讨伐司马昭，结果被部下谋害，死于乱军之中，年仅四十岁。

【原文】　晋文帝与二陈共车，过唤钟会同载，即驶车委去。比出，已远。既至，因嘲之曰："与人期行，何以迟迟？望卿遥遥不至。"会答曰："矫然懿（yì）实，何必同群！"帝复问会："皋（gāo）繇（yáo）何如人？"答曰："上不及尧、舜，下不逮周、孔，亦一时之懿士。"

【译文】　晋文帝和陈骞、陈泰同乘一辆车，路过钟会门前喊他同车而行，然后立即驾车离去。等钟会出来，车已经走远了。钟会跟上他们的车后，就嘲笑他："与别人相约而行，怎么迟到呢？眼看着你在远处而迟迟不到。"钟会回答说："我矫然出众，懿美充实，何必与你们同群。"文帝又问钟会："皋繇是怎样的人？"回答说："前不如尧、舜，后不及周公、孔子。只是一代懿德之士。"

艾艾哎邓艾

　　邓艾，义阳棘阳（今河南新野）人，三国后期的魏国作战模范。

　　邓氏原为当地大族，但邓艾出生时家族已没落。他随家人迁往汝南，成长于一个贫困的农民的家庭。邓艾天生刚直而才思敏锐。但因说话结巴，青少年时代的邓艾颇受人嘲笑。然而邓艾志存高远，喜读兵书，每到一处，即指点山川，好像自己真是个将军。这种举动在周围人看来很怪异，他依然如故。

　　后来，邓艾终于踏上仕途。只是，由于出身贫困，加上口吃严重，邓艾的晋升之路十分漫长，做到汝南典农功曹（负责汝南的屯田管理）时，他岁数就已经不小了。

　　邓艾的命运转折跟司马懿有关。

　　有一年，邓艾从汝南到洛阳，向上司报告情况，被时任太尉的司马懿看到，司马懿眼光独到，一眼就发现邓艾的才华，不仅给他升官，还给他机会领兵打仗。

　　邓艾开始发挥出卓越的军事才能，这个厚积薄发的中年人至此开始转运，立下了许多军功。在消灭蜀国的战斗中，邓艾的辉煌达到了顶点。但他有些骄傲了，在骄傲中他采取了一个令人震惊的行动——越过司马昭，擅自分封了蜀国投降的君臣，还连续上书建议趁势向吴国进军。

　　建议是对的，但邓艾越职了。是否伐吴，不是邓艾要考虑的事。

　　司马昭很生气，不过想到写信时邓艾严肃认真的样子，他又摇摇头。他想到几年前的一件往事：邓艾从前线回来述职。一张嘴，口吃的毛病又犯了：艾艾艾……

司马昭跟他开玩笑：你说"艾艾"，是几个邓艾呢？

邓艾想了想，回答："凤兮凤兮"说、说、说……的是一只凤、凤凰啊！

一个是历史上赫赫有名的权臣，一个是三国后期最优秀的将领，这一问一答倒也亲切。

但现在，拿着邓艾的书信，司马昭想的是：邓艾啊，你说起话来结巴，这信写得倒挺顺溜。此时，他又收到钟会诽谤邓艾的信。

司马昭闭目想了一会儿，最终还是决定派人收捕邓艾。这一年，邓艾已经六十七岁了。须发皆白的他终于迎来了人生的高峰，却也走到了人生的终点。

其实，邓艾对于司马家族还是很忠心的，正因如此，司马炎建立晋朝后，很多人要求给邓艾平反。年轻的皇帝在伤感中答应了这个要求。

【原文】　邓艾口吃，语称"艾艾"。晋文王戏之曰："卿云'艾艾'，定是几艾？"对曰："'凤兮凤兮'，故是一凤。"

【译文】　邓艾有口吃，自称时重复说"艾艾"。晋文王司马昭对他开玩笑说："你说'艾艾'，到底是几个艾？"邓艾回答："'凤兮凤兮'，也只是一只凤。"

洛阳的月亮

　　蔡洪是吴郡人，三国时期吴国旧臣，他口才好，善应变，尤其喜欢围棋，棋术独步天下，曾作《围棋赋》。吴国被晋灭后，他从江南北上洛阳求官。

　　当时，很多吴国和蜀国旧臣来到洛阳碰运气。

　　东汉把国都定在中原腹地的洛阳，曹魏和西晋也没有变更。洛阳不仅是政治中心、军事中心、经济中心，更是文化中心，万千优越集于一身。于是，可以想象当时洛阳是多骄傲的城市了。所以，当洛阳人看到一大批吴国和蜀国的亡国之臣北上求官，难免心生轻蔑之意。

　　西晋士子们常常操着洛阳腔嘲讽南方人。被数落时，绝大多数南方人只能"嘿嘿"一笑，然后低下头，毕竟国家都亡了，还能拿什么辩驳呢？

　　身在洛阳的蔡洪，也好几次被侮辱。前几次他都忍了，但事还没算完。

　　这一天，在洛阳郊外的伊水之畔，几个因郁闷在散心的南方青年又被游春的洛阳士人拦住了。此时已是日暮时分，那几个洛阳士人倒是显得挺有礼貌，其中一个抱拳拱手：如果我没猜错，几位是从南方吴楚之地来的吧？

　　蔡洪：没错，怎么了？

　　洛阳士人笑道：就是随便问问，怎么样，这伊水风光可比得上江南？

蔡洪：确实不错，快赶上我们那儿的会稽了。

洛阳士人一皱眉，他的伙伴趁机插嘴：会稽？那儿的山水能有洛阳好？

蔡洪朗声大笑，表示不屑，他身后的几个南方伙伴也笑起来；同时，他们心里也在嘀咕，不知那几个洛阳人会怎么为难他们。

洛阳士人见蔡洪没说话，认为受到了轻视，直接出言质问南方亡国之臣有什么勇气和才能敢来洛阳。

这次真的把蔡洪说恼了，他心里想：没错，我们吴国确实被你们灭了，关于这一点，我们认了。现在，我们热情地北上与你们合作，想为新的王朝出力，你们倒好，老拿这个说事儿，还就没完了！于是蔡洪高声道：我告诉你们，明珠不一定仅仅出在中原的河里，美玉也并非都是从昆仑山上采的！大禹生于所谓的荒蛮之地东夷，周文王则来自西北边陲。有谁规定贤明的大人物一定只能出在某个固定的地方？当初，周武王讨伐无道的殷纣王，一举灭了他，把殷商那些自以为是的顽民迁移到了洛阳一带。现在，我说怎么看着诸位眼熟呢，难道你们就是那些殷商顽民的后代吗？

可以想象那几个洛阳士人羞愧的模样。

回城的路上，同伴都称赞蔡洪说得好：太解气了！

此时月已初升，举头遥望，蔡洪却没感到多么高兴：吴国确实已经完了！这头上的月亮，不是吴国的月亮！

【原文】　蔡洪赴洛。洛中人问曰："幕府初开，群公辟命，求英奇于仄（zè）陋，采贤俊于岩穴。君吴楚之士，亡国之余，有何异才而应斯举？"蔡答曰："夜光之珠，不必出于孟津之河；盈握之璧，不必采于昆仑之山。大禹生于东夷，文王生于西羌，圣贤所出，何必常处！昔武王伐纣，迁顽民于洛邑，得无诸君是其苗裔乎？"

【译文】　蔡洪到了洛阳，洛阳的人问他："官府刚刚设立，众位公卿征召聘用人才，要在贫贱无名的人中寻找不平常的优秀之人，在山野洞穴寻找贤明的俊杰。您来自吴楚之地，是亡国遗民，有什么特殊才能，来参加这一选拔人才的活动呢？"蔡洪回答道："夜光宝珠，不一定都出在孟津一带的河中。握满手中的璧玉，不一定都从昆仑山开采。大禹出生在东夷，周文王出生在西羌，圣贤的出生地，为什么一定要在某个固定的地方！从前周武王打败了商纣王，把不驯服的人迁徙到洛邑，莫非诸位就是那些人的后代？"

你醉了

西晋建立者武帝司马炎死后不久，帝国就迅速陷入大乱状态。

为什么？跟继任者的智力有直接关系。

司马懿多有权谋，司马师、司马昭兄弟多厉害，司马炎多聪明。也许司马家的智力都集中在前三代身上了，到司马炎的儿子这里已经用完，所以当太子司马衷被发现智力存在问题后，皇宫里的人在惊愕的同时，都纷纷表示：上辈人智商太高了也不行。

关于晋惠帝司马衷之傻，有两个著名的例证：

一天傍晚，司马衷正在园中玩耍，池塘里突然传来青蛙叫，他听后觉得很有意思，便拉过来一个随从：这东西叫得真好听，呱呱的。我问你，它们是在为官家叫呢，还是为私家叫？随从睁大眼睛，不知如何回答。

在一个饥荒之年，民众很多都饿死了，人们在谈论这件事的时候被司马衷听到，他觉得很奇怪，就问道：没有饭吃都饿死了？不会吧！老百姓为什么不喝肉粥呢？

后人凭以上两则故事给司马衷下了诊断书：是个白痴。

司马衷确实傻，但如果说他是个完全的白痴，也不符合实际情况。

公元300年，东海王司马越挟持惠帝司马衷亲征，激战中，司马衷身中三箭，身边的人都跑了，只有嵇绍（嵇康的儿子）一人孤独地用身躯护住皇帝，最后当场死去，血溅到皇帝的衣服上。后来，侍从要给皇帝洗衣服，皇帝说：这上面有嵇侍中（即嵇绍）的血，请不要洗！

由此可见，司马衷只是比较愚钝，而非百分百的白痴。

可是，既然司马衷比较愚钝，聪明如晋武帝司马炎，为什么还坚持让他继承帝位？

实际上，司马衷十几岁时，司马炎一度有废黜太子的念头，但被杨皇后阻止，理由是：立太子，最重要的是看他是不是长子，而不应以聪不聪明为标准！

从杨皇后的话中，我们也可以推断：司马衷不是完全的白痴。

再加上司马衷虽然傻，却生了一个非常聪明的儿子叫司马遹，非常招司马炎的喜欢。这个聪明的孙子，在不知不觉中为他愚呆的爸爸保住帝位尽了一份力。因此，晋武帝打消了废黜太子的想法。但大臣们急了。他们认为，让一个缺心眼的人继承刚刚大一统的晋帝国的江山，玩笑开大了，于是多次进谏。

开始时，司马炎跟大臣们打马虎眼，后来被逼急了，有点发怒的意思，大臣便不敢吭声了。但老臣卫瓘（guàn）一直想找个机会再提醒一下这位皇帝。

卫瓘，字伯玉，河东安邑（今山西夏县北）人，西晋重臣。

这一天，晋武帝司马炎宴请大臣，卫瓘坐在一旁，心有所思。酒喝到一半，卫瓘一步跨向前，装作喝醉了的样子，跪在司马炎脚下，用手抚摸着皇帝的坐榻说：可惜啊！可惜啊！司马炎多聪明，当然明白卫瓘的意思，但最后只是笑了笑说：你喝醉了吗？

晋武帝司马炎去世后，司马衷终于登上皇位，这一年他三十一岁了。没多久，西晋的动乱便开始了。尽管如此，仍没有必要去抱怨司马衷，因为登上皇位不是他的选择。

晋惠帝司马衷活到公元306年，最后被东海王司马越用有毒的馅饼毒死，结束了他悲剧的一生。但总还有人记得他在那次亲征时的怒吼：嵇绍是我的大臣，他是"竹林七贤"中嵇康先生之子，请你们不要伤害他……

【原文】 晋武帝既不悟太子之愚，必有传后意，诸名臣亦多献直言。帝尝在陵云台上坐，卫瓘在侧，欲申其怀，因如醉，跪帝前，以手抚床曰："此坐可惜！"帝虽悟，因笑曰："公醉邪？"

【译文】 晋武帝不觉悟太子的愚钝，有一定要传位于他的意愿，诸名臣多直言劝谏。晋武帝曾在陵云台上坐着，卫瓘在一旁，想申诉自己的想法，便装作醉了，跪在武帝面前，用手抚着坐榻说："这座位可惜了！"武帝虽然明白他话里的意思，却顺势笑着说："你醉了吗？"

不见长安

　　西晋后期，南方的匈奴趁中原处于战乱，大举进兵，先是攻陷了都城洛阳，使西晋王朝被迫迁都长安，后来又一举攻陷长安。公元316年，西晋灭亡。次年，琅邪王司马睿在南边的建康称帝，为晋元帝，拉开了东晋的序幕。这则故事的主角便是晋元帝司马睿和他的儿子晋明帝司马绍。

　　在司马绍小时候，他坐在父亲司马睿的膝上。当时有人从长安来，司马睿于是问长安和洛阳一带的消息，想起中原沦陷，不觉间流涕满面。

　　司马绍问父亲为什么哭，老皇帝把被迫南迁的事告诉了儿子，随后问儿子：你觉得我们离长安远，还是离太阳远？

　　司马绍答：自然是太阳离我们远，我只知道有人从长安来，却没听说过有人从太阳来。

　　元帝听了十分惊喜，觉得儿子真是聪明。

　　第二天，元帝大宴群臣，把昨天的事情跟大臣们说了一下，大臣们异口同声：太子真是聪明啊！

　　元帝也很得意，说：我让你们亲眼见识一下。于是，叫人把司马绍又抱来了。问题还是昨天的问题，只是司马绍的回答不一样了：太阳近！

　　元帝顿时觉得很没面子，心里想：莫非我司马家又出了个傻子？

　　此时，群臣也互相观望，等着看皇帝的笑话，却不料司马绍神情似有忧伤地说：我举头能看到太阳，却看不见长安！

话音一落，满座掌声。

一些老臣，听着司马绍的话，想起中原故土、悠悠往事，不禁潸然泪下。

【原文】　晋明帝数岁，坐元帝膝上。有人从长安来，元帝问洛下消息，潸然流涕。明帝问何以致泣，具以东渡意告之。因问明帝："汝意谓长安何如日远？"答曰："日远。不闻人从日边来，居然可知。"元帝异之。明日，集群臣宴会，告以此意，更重问之，乃答曰："日近。"元帝失色，曰："尔何故异昨日之言邪？"答曰："举目见日，不见长安。"

【译文】　晋明帝司马绍只有几岁的时候，坐在晋元帝司马睿膝上。有人从长安来觐见，元帝就询问洛阳的消息现状，听后潸然泪下。明帝问元帝为什么而哭泣，元帝把中原动荡、他们渡过长江的事情详细地告诉他，并问他："你认为长安和太阳哪个更远？"明帝答："太阳远。没听说过有人从太阳那边来，所以很明显能知道。"元帝感到惊异。第二天，元帝召集群臣举行宴会，把明帝的话告诉他们，并当场又问了他一遍，这次明帝却回答："太阳近。"元帝大惊失色，问："为什么你说的和昨天的不一样？"明帝答："抬头远望就能看到太阳，却看不到长安。"

三个侍中

侍中是官职名，职责是随侍在皇帝身边，类似于政策顾问，同时也负责提醒皇帝的过失和错误。出任该职的人，品格应刚正不阿，忠诚良善，如前文提过的侍中嵇绍。在随帝出征前，有人问嵇绍：此次出征，前途未卜，你有好马吗？

嵇绍答：我担任侍中，职责就是在皇帝身边保护皇帝，生死早已经置之度外，还想什么好马！

再看一个侍中的故事，故事涉及庾翼。

庾翼是征西将军庾亮的弟弟，在庾亮之后出任荆州刺史。在任上，庾翼向皇帝献上扇子一把。晋成帝看过扇子，皱了皱眉：这扇子用荆楚一带奇鸟的羽毛制成，确实不错。但我怎么看着像用过的？不是新的吧！这庾翼真是可以，哪有这么办事儿的？

这话被皇帝身边的侍中刘劭听到。

面对郁闷的皇帝，刘劭说：高大华丽的楼台，建造它的工匠先待在里面；美妙繁复的管弦，也是最先被行家和调试它的乐师听到。现在，庾翼进献这扇子，不是因为它新，而是因为它好。

一般来说，"好"出于"新"后，若不尝试，怎知其好？若已尝试，自然就不是新的。或者说，"好"与"新"的矛盾是不可调和的。

庾翼后来听到这段对话，大笑，说：此人适合待在皇上左右。

还有一位侍中叫虞啸父，是晋孝武帝时代的人。一次，孝武帝随口问他：虞爱卿，你做了这么久的门下官，也没听说你贡献过什么。皇帝的意思是：你好像没有献过良言啊。

虞啸父是浙江富春人，离大海特别近。他看着皇帝的样子，似有所悟，马上拜倒在地：陛下，现在天气还暖和，鱼虾螃蟹还没长大，等它们长够个儿了，我一定叫人打捞献上。

虞啸父是听不出孝武帝话里的意思吗？应该不是的。这里，他也许是故意用另一种理解方式避开尖锐的问题，既不会使自己难堪，还让对话氛围缓和了下来，可谓一举两得。

皇帝拊掌大笑，他还能说什么呢？只好说：那就这样吧，等着你的海货。

【原文】　虞啸父为孝武侍中，帝从容问曰："卿在门下，初不闻有所献替。"虞家富春，近海，谓帝望其意气，对曰："天时尚暖，鱐（zhì）鱼虾鲜（qiāng）未可致，寻当有所上献。"帝抚掌大笑。

【译文】　虞啸父担任晋孝武帝侍中，孝武帝随意地问道："你在门下省任职，却从来没听见你进献过什么。"虞家住在富春，靠近大海，以为皇帝希望他进献礼物，回答说："天气还温暖，鱼虾之类鲜美的特产还得不到，不久应当会进献给您。"孝武帝拍手大笑。

从公于迈

孙盛是太原中都（今山西平遥）人，东晋最负盛名的史学家，《晋阳秋》和《魏氏春秋》的作者，同时还极善于清谈。

孙盛在庾亮手下任职的时候，一次，他带着两个儿子跟随庾亮打猎。

那天秋高气爽，旌旗飘荡，飞马相奔，引弓而射，荆州秋日荒野，正是休闲打猎的好时光。这一队人马往荆州的山水深处越走越远，直至成为山水画卷的一部分。

回城时天色将晚，收获颇丰，沉重的猎物压得马低着头艰难前行。秋天的晚风吹拂着庾亮的面庞，此时此刻他很是自得，四面环顾了一番，意外发现孙盛的小儿子，也就是七八岁的孙齐庄，正神气活现地骑在一匹马上。

庾亮早就听说孙盛的两个儿子都很聪明，尤其是孙齐庄，为此不久前庾亮特意考过他一次。

那天，在府上，庾亮问孙齐庄：你哥哥叫孙齐由，是打算向谁看齐？

孙齐庄回答：古代隐士许由。

庾亮又问：那么你呢？

孙齐庄答：当然是向庄周看齐啦！

庾亮问：为什么不仰慕孔子？

孙齐庄答：孔子为圣人，我等凡夫俗子不敢仰慕，更难企及。

此时，在回城的路上，看着孙齐庄，庾亮大笑：孙家小孩，你也来了？

孙齐庄拽着缰绳，板直了身子，高声应答：正如《诗经》中所说：无小无大，从公于迈。《诗经·鲁颂·泮水》中，这句话的原意是颂扬鲁公的君王风范，大小臣子都在鲁公的带领下出游。孙齐庄用这句话回应"上司"庾亮的问题，不可谓不巧妙。

此时天高云淡，远山橙红，一群大雁往南飞，东晋的秋意在此刻被渲染得正浓。

庾将军听后仰天大笑，意气风发，打马飞奔。兴之所至，他引吭高歌，部下也纵马奔驰，在黄叶纷纷中跟随着一起唱起来。

【原文】 孙盛为庾公记室参军，从猎，将其二儿俱行。庾公不知，忽于猎场见齐庄，时年七八岁，庾谓曰："君亦复来邪？"应声答曰："所谓'无小无大，从公于迈'。"

【译文】 孙盛担任庾亮的记室参军，一次跟随庾亮出猎，带着自己的两个儿子一起去。庾亮不知道，忽然在猎场见到孙放，当时他才七八岁，庾亮问他道："你也来了吗？"孙放随即回答："就像诗中说的一样：'无小无大，从公于迈。'"

欲望桓温

东晋中期的枭雄和权臣桓温，字元子，谯国龙亢（今安徽怀远）人。父亲给他取名为温，是因为东晋初的重臣温峤。有晋一代，有两位大臣名峤，一个是西晋时的和峤，一个是东晋时的温峤，都很有才华。

最初，风格粗犷的桓温也想往名士这边靠，曾参加了几次清谈聚会，但多是在一旁支棱着耳朵听，插不上什么话，后来他愤而往军事上发展，出任荆州刺史，继庾家之后掌握长江中游的兵权。东晋时，谁掌握了荆州的兵权，谁就具有了政治上的发言权。慢慢地，桓温又正式掌握了东晋的军政大权，一直到公元 373 年死去为止。

二十三年间，正因为有桓温在外面挡着，东晋才有了安宁的环境，名士可以每天以清谈玄理度日。可是，名士们并不因此感恩桓温，由于出身不高，桓温依旧被名门士族看不起，动不动地被称为"兵"。与王、庾、谢并列东晋四大执政家族的桓家，一直未被第一流高门认可。

对桓温来说，怒怨和自卑是交杂在一起的。晚年时候，他一度有自立为帝的想法，曾在床上躺着的时候说：做这种寂寂无闻的事，当会被司马师、司马昭兄弟笑话的。随后又起身说：既不能流芳后世，难道也不值得遗臭万年吗？

公元 369 年，桓温率军攻伐鲜卑国家前燕，大败而归。

在此之前，他希望通过北伐建功获得朝廷的恩赏，拉开篡夺皇位的序幕。但这次大败使桓温的声誉降到最低点，夺取司马家帝位一时又缺乏了资本。

在这样的背景下，他听从了心腹郗超的建议：找借口废除了当朝皇帝，降为海西公，另立会稽王司马昱为新皇帝。

桓温原本打算借此重树权威，但遭到了以谢安为首的王、谢等家族的默默对抗，最后在郁闷中死去。

桓温最终没有夺取司马家的江山。主观原因，是桓温在关键时刻死去；客观原因，是王、谢等士族力量还很强大，都反对他篡位，所以桓温只能做个耿耿于怀的愤怒的"忠臣"。

【原文】 桓公卧语曰："作此寂寂，将为文、景所笑！"既而屈起坐曰："既不能流芳后世，亦不足复遗臭万载邪？"

【译文】 桓温躺在床上说道："就这么寂寂无闻地过日子，将会被文帝、景帝所耻笑！"接着屈身坐起来说："就算不能流芳百世，难道连遗臭万年也做不到吗？"

第四章

品人识鉴

林泉高致

郭林宗即郭泰，太原介休（今山西介休）人，东汉后期的太学生领袖。

郭泰身高八尺，容貌魁伟，满腹经纶，是个美男子，到都城洛阳游学后不久，便成了太学生当中的偶像。后来，他又得到重臣李膺的推崇：老夫见过的才俊多了，但像郭泰这样的却还是第一次见到。

身材高大、面相英俊的郭泰，由于学识佳，又极富口才和洞察力，受到李膺等前辈力荐后，名声更大。

但桓帝时期，宦官当权，朝野污浊。在这种背景下，李膺和郭泰达成了合作协议，联起手来对付这种局面。那一代士人希望用言论去改变世界。他们使用的最主要手段是评议朝政、褒贬人物。因为，到了东汉后期，用语言品评人物，已形成风气，而且还是一种利器。一个人获得怎样的评价，直接关系到他的仕途和人生走向。

在李膺和郭泰的策动下，李膺的官邸和郭泰所在的太学成为清议时局、品评人物的两个中心。

宦官们不干了。他们去桓帝那儿告状，桓帝便把李膺等人关了起来。郭泰算是比较幸运的，虽是太学首脑，但没受到冲击，可能是因为他的言论比较委婉。

尽管最后没被牵连，但郭泰已洞察到时局的险恶，决定归隐。带着自己的遗憾，他离开洛阳踏上了回乡讲学之路。辞别洛阳时，前来送行的名流的车辆超过千乘。回乡后，从郭泰游学的弟子多达几千人。

本条故事就发生在郭泰回乡途中。郭泰路过汝南时，拜访了名士袁阆，来去匆匆，只待了一小会儿；到了隐士黄宪那儿，却住了一两天。

郭泰这么做有他的理由：袁阆虽名声在外，但毕竟是小德小才，甚至在他看来，袁阆的德才用一个勺子就可以舀起来；而黄宪的德才深不可测。也就是说，他在袁、黄两家停留的时间，与主人的德才的高深程度是成正比的。

不仅郭泰如此推崇黄宪，当时的许多名士见了黄宪之后也觉得相较之下自己差得太多了。实际上，隐士黄宪既没说过倾世之言，更未做过什么济世之事，这样的他仍名播天下，这正是隐士最诡秘也最神奇的地方。

"汉末三隐"除了北地的郭泰、中原的黄宪外，还有南方的徐稚。

徐稚博览群书，无所不通，在山中读书、耕种，自食其力，在他的影响下，当地民风淳朴清正，世所罕见。

徐稚虽然守志隐逸，从未出仕，但心中不忘那些推举过自己的人。太尉黄琼举荐过他，后来黄琼去世，徐稚从江西徒步赶往江夏吊唁，因为身上没盘缠，所以一路上给人磨镜子挣路费。

再后来，郭泰的母亲去世，徐稚又千里迢迢地从江西赶往山西。在没有现代交通工具的古代，这一路上徐稚要经历多少磨难，是可想而知的。到了山西，徐稚在郭母墓前放了一束春草，并未见郭泰就返回南方。

【原文】　郭林宗至汝南，造袁奉高，车不停轨，鸾不辍轭；诣黄叔度，乃弥日信宿。人问其故，林宗曰："叔度汪汪如万顷之陂，澄之不清，扰之不浊，其器深广，难测量也！"

【译文】 郭泰到汝南，拜访袁阆，车不停步，马不驻足；去拜访黄宪，竟然夜以继日，逗留了几天。有人问他是什么缘故，郭泰说："黄宪就像那浩瀚的万顷水塘，澄不清，搅不浊，他的器量渊深博大，难以测量啊！"

评价刘备

关于刘备，无须多说，他的仁慈，他的重义气，他的智慧，众所周知。但这说的是小说《三国演义》里的刘备，而不是史书《三国志》里的。

在《世说新语》本条中，曹操问裴潜：你当年与刘备在荆州刘表手下共事，觉得刘备的才能如何？

裴潜，字文行，出身当时著名的大族河东裴氏。他一开始投奔刘表，曹操平定荆州后，裴潜又归附曹操，逐步成为朝廷重臣。在世之时，他以清正廉洁著称；同时，又善于品鉴人。正因如此，曹操才问他对刘备的看法。

裴潜是怎么回答的？

裴潜说：我觉得吧，如果让刘备据中原京城之地，他未必能进行有效治理，只能把事搞砸了；但如果让他把守边关险地，倒有可能成为一方霸主。

曹操拊掌大笑。

说到刘备，正像我们知道的那样，刘备年轻时靠卖鞋为生，一下子碰到黄巾之乱，趁机找了两个帮手，以镇压起义为契机，又打出皇叔的名号，一举闯进三国大时代。

《三国演义》中，作者把刘备写成一个仁慈、讲义气但是没太大才能的人，他三顾茅庐请出诸葛亮，随后一切都靠这位足智多谋的军师了。后来，为了给两位结义弟弟关羽、张飞报仇，刘备不听众人劝阻，盲目出兵，被陆逊打败，最后死于白帝城。

小说的作者之所以削弱刘备的能力，显然是为了突出能力已近乎"妖"的诸葛军师。

但是，天下三分有其一，刘备当然不是纸糊的。关键的入蜀一战是刘备自己打的，诸葛亮虽然也发挥了作用，但总的来说刘备才是制胜关键。曹操已算雄杰，生平赞赏之人不多，但仍称刘备为英雄，周瑜则称刘备为枭雄，可见刘备还是很有才华的。

本条中，裴潜虽没有给刘备一个更高的评价，但也没有否定刘备，这句评价正好点出了后来的事实：刘备无力在中原发展，只好往西南转移，最后倒也算是一方霸主。

【原文】　曹公问裴潜曰："卿昔与刘备共在荆州，卿以备才如何？"潜曰："使居中国，能乱人，不能为治。若乘边守险，足为一方之主。"

【译文】　曹操问裴潜："从前你曾和刘备一起在荆州，你认为刘备的才能怎么样？"裴潜说："如果让他占据中原，会把人们搅乱，局面不能得到合理整治。要是让他防守边关险要之地，足以成为一方霸主。"

华歆与管宁

华歆，字子鱼，平原高唐（今山东德州）人，魏文帝曹丕身边的重臣。

建安二十五年（公元 220 年），曹丕当皇帝前，华歆曾带人逼宫，把汉献帝从座位上拉下来，并警告这位中国历史上最著名的傀儡要顺应天下大势，将皇位禅让给曹丕。汉献帝知道，这华歆虽然岁数很大，却是个厉害角色，当年曾奉曹操之命带兵冲进后宫，把躲进夹壁墙的皇后扯着脖领子揪出来。

如今，在华歆等人的协助下，曹丕通过接受禅让的方式得到帝位：汉朝四百年的江山就此了结。

禅让大礼举行当天，洛阳南郊人山人海。此时，华歆不仅是禅让大礼的现场总指挥，还兼着司仪的角色。在华歆拟定的程序中，曹丕有点不好意思地一步步登上高台，当场拜华歆为司徒。曹丕篡汉虽然有华歆的功劳，但禅让仪式上，华歆的脸上始终没有笑意，同样如此的还有陈群。

后来，在一次宴会上，曹丕问华歆和陈群：那一天，你们似乎都不怎么高兴。夺取汉室江山的过程中，你们是帮我的。但为什么成功了，却又板着脸呢？

华歆微笑，示意陈群回答。陈群说：作为您的属下，在顺应天意、奉命行事的过程中，我们自然要尽力。但是，作为汉朝之臣，在那天，不冲您瞪眼就不错了。

华歆大笑着说：陛下，正是如此！

这是虚伪吗？不如说是他们这大臣当得非常职业化。无论如何，从华歆的故事中，我们看到了他冷酷的一面。不过，这并不是他性格的全部。其实，他是个很好的官吏，为官几十年，特别清廉，家无余财。

华歆最大的特点，应该说还是做事理智果断，有始有终。

在他年轻时，有一次，跟名士郑泰同行，路上遇到一位老者，请求同行。郑泰见他可怜，就要带着他一起走。华歆反对，理由是：路途危险，一旦发生什么，就不能扔下他。意思是，如果不能完全对老者负责，就不可轻易许诺。郑泰不听。后来，老者掉进枯井，郑泰便想扔下他走人，被华歆制止。

上面的故事还有另外一个版本：

一次，华歆和同僚王朗坐船逃难，有人想搭船，被华歆拒绝。王朗说：为什么不可以？船上还有地方啊。于是让那人上船。后来追兵迫近，为加快速度，王朗想扔下搭船的人。华歆高声道：不能如此！最初我拒绝他，正是担心眼下的情况出现。你既然已把他搭救上船，现在又怎能扔下他不管？！

总之，在上面的故事中，华歆是超越了汉末另两位名士王朗和郑泰的。可是，由于管宁的出现，华歆的形象几乎完全毁了。

管宁是北海朱虚（今山东安丘、临朐东南）人，据说是春秋时的大人物管仲的后代。他少年家贫，喜好读书，凿壁偷光，昼夜不舍，而心性淡泊。华歆知道后，特来相会，两个人都很崇拜名士陈寔，一来二去成了伙伴。

有一次，两人在菜园子里锄地，地上有一小片金子，管宁看也不看，继续挥锄；华歆则把金子拿起来端详了一下才扔掉。

后人解读该故事，多以为华歆爱财。其实，故事的核心跟钱财没什么关系，主要是为了探讨人的内心是否会受到外物干扰的问题。最后的结论，似乎指向管宁不为外物所累；华歆相反，内心有杂质。

真的是这样吗？

接下来，又出现了"割席断交"事件。管宁和华歆在室中读书，窗外有喧嚣声，所过之人鲜衣怒马，十分气派。前者不为所动，后者跑出去看个究竟，于是，管宁割席断交。

无论如何，通过这两件事，人们一致认为管宁的境界比华歆高得多。并且，魏文帝曹丕在位时，华歆两次推荐管宁效力国家，皇帝曹丕甚至亲自招揽，都被管宁拒绝了。但是，这并不意味着管宁比华歆高尚，说到底，只是人生志向与趣味不同罢了。

在万马奔腾的三国时代，学成后是选择野居避祸，还是选择济世安民？

管宁选择了前者，在乱世中找一片净土，安心隐居读书，追随者颇多。华歆选择的是后者，他用行动实现着人生抱负，寻找着能发挥最大能量的地方。

【原文】 管宁、华歆共园中锄菜，见地有片金，管挥锄与瓦石不异，华捉而掷去之。又尝同席读书，有乘轩冕过门者，宁读如故，歆废书出看。宁割席分坐，曰："子非吾友也！"

【译文】 管宁和华歆一起在园中锄地种菜，看见地上有一片金子，管宁继续挥动锄头，把金子看得和瓦片、石头没有两样，华歆先拿起金子又扔掉。他们又曾经坐在同一张席子上读书，有高官乘坐华丽的轩车从门口经过，管宁照样读书，华歆放下书出门看。管宁割断席子与华歆分开坐，说："你不是我的朋友了。"

金兰之交

　　山涛，字巨源，河内怀县（今河南武陟西）人。说起他，我们第一个会想到嵇康写的那篇《与山巨源绝交书》。

　　当时，山涛推荐嵇康为官，被嵇康拒绝，然后写了这篇震惊天下的绝交书，大骂山涛。其实，嵇康只是借此信表明自己的立场，而不是真跟山涛绝交。嵇康被司马昭斩杀前，他跟探望自己的儿子嵇绍说：别害怕，有你山涛伯伯在，你就不会是孤儿！

　　山涛出仕过两次。

　　第一次出仕，在山阳为官，由此结识嵇康、阮籍，三人结金兰之好，一起在竹林高谈畅饮。后来，山涛弃官归乡，便有了本条中嵇康、阮籍的造访。

　　事情经过大概是这样的：一天清晨，阮籍醒来，觉得很郁闷，便独自驾车从洛阳郊外奔向河内郡山阳县拜访嵇康。二人碰头后，又从山阳转奔山涛家。到达山涛家时已是下午，三人畅谈，天色渐晚。

　　此时，山涛的妻子韩氏叫下人带话给山涛，说酒肉已准备好了，一定让山涛把二人留下来过夜。山涛把想法说了，嵇康和阮籍也都同意了。

　　韩氏之所以要留下二人是有原因的。自从山涛认识了嵇康、阮籍后，她就觉得三人的友谊非比寻常，一直想亲眼看看他们。现在，嵇康和阮籍乘车前来拜访山涛，正是个机会。

到了晚上，韩氏透过墙上的小洞窥视嵇、阮二人，顿时被迷住了，只见嵇康身高近乎八尺，玉树临风；阮籍虽没嵇康高大，但容貌俊伟，颇有得道仙人的气质。

次日，在送走嵇、阮后，山涛问韩氏：昨天看到了吗？这两人如何？

韩氏说：我觉得，你的容止与才华，比不上他们俩；之所以跟他们成为朋友，靠的是你的见识和雅量。

山涛也不生气，还颇为赞同：正是如此，他们二人也常说我在这方面超过他们！

竹林七贤中，山涛岁数最长，少年家贫，正如韩氏所说，山涛为人深沉、宽厚，而有雅量，不露锋芒。山涛参与竹林之游也比较低调，很少像嵇康那样撰文明志，或像阮籍那样写诗抒怀。

第二次出仕晋朝时，山涛官至司徒，并长时间负责为朝廷选拔人才的工作，很多晋朝大臣都是他选拔和推荐的，年过七十的他工作时仍勤勤恳恳，后来因老病归家，次年去世，享年七十九岁。

【原文】　山公与嵇、阮一面，契若金兰。山妻韩氏觉公与二人异于常交，问公。公曰："我当年可以为友者，唯此二生耳！"妻曰："负羁之妻亦亲观狐、赵，意欲窥之，可乎？"他日二人来，妻劝公止之宿，具酒肉，夜穿墉（yōng）以视之，达旦忘反。公入曰："二人何如？"妻曰："君才致殊不如，正当以识度相友耳。"公曰："伊辈亦常以我度为胜。"

【译文】　山涛和嵇康、阮籍第一次见面，就情意投合，关系非常要好。山涛的妻子韩氏感觉山涛和他们二人的交情不同寻常，就问山涛。山涛说："我现在可以视为朋友的，只有他们两位了。"韩氏说："僖负羁的妻子也亲自观察过狐偃、赵衰（cuī），我想观察一下嵇康、阮籍，可以吗?"后来有一天，嵇康、阮籍二人来了，韩氏劝山涛留他们在家住宿，准备好酒肉招待，夜晚凿通墙壁观察他们，一直看到第二天早上都忘记回自己房间。山涛进来问道："他们二人怎么样?"韩氏说："你的才学和情趣都远远比不上他们，应当用你的见识气度和他们交友。"山涛说："他们也总是认为我的气度高于他们。"

祸乱天下的人

东晋时，权臣桓温曾登城楼远眺，感慨地说："中原国土沦陷百年，王夷甫这些人难辞其咎！"

说到西晋的灭亡，人们想到的第一个词便是：清谈误国。随后，首先想到的人是王衍，即王夷甫。为什么？因为他下场不好，在率军出征的途中，被羯族领袖石勒俘虏后杀害，所率领的十万晋军全军覆灭。

其实，叫王衍以一人之身承担整个时代的动荡是不公平的，而且他也承担不起。

王衍，字夷甫，琅邪临沂（今山东临沂）人，他跟堂兄王戎一起，把山东琅邪王家的荣耀引入新层面。二人都做到了宰相级别的官。其中，王衍官至太尉。

说实在的，王衍的清谈功夫不是最好的，而且，他也没能像何晏、王弼、郭象这些名士那样留下理论著作。他的玄学往往取自他人，自己没什么独特见解，但这并不影响王衍是个清谈方面的代表人物。

魏晋名士首先讲究的是容貌、风神，这方面，王衍十分突出。他皮肤特别白皙，手里经常拿着一把玉柄拂尘，肤色跟拂尘的玉柄颜色没什么区别，两相映照，仿佛神人。

名士还讲究雅量，这方面王衍表现得也不错：一次，他与裴氏家族的裴邈发生矛盾，裴邈想给王衍点颜色看看，于是经常挑衅，但王衍并不接战。裴邈跑到王衍家大骂，想以此让王衍回击，引起舆论的指责。王衍依旧非常从容，看到暴跳如雷的裴邈，慢慢地说：裴邈白眼儿，你又在发狂吗？

还有一件事更有意思：

在一次聚会上，王衍看到一个族人，想起多天前曾托他办事，但到现在还没消息，于是随口问：托您办的事怎么样了？这句正常的询问不知为何惹恼了那位族人，族人随手抄起个饭盒就朝王衍的脸砸来。幸亏王衍躲得快，没被砸到，否则还真就被破了相。事后，王衍依旧很平静，似乎没什么话要说，转身洗了把脸就回家了。

在容貌、雅量两方面都表现良好且又能言善辩的王衍在当时自然备受推崇，一度成为清谈的代名词，享誉颇高。但对于王衍的悲惨结局，也早有人作出预言。

早些年，王衍才十四岁的时候，他的父亲为平北将军，有公事奏报到首都洛阳，但传递消息的差人笨嘴拙舌，面对羊祜（hù）、山涛这样的高官，似乎太紧张了，越说越乱，最后也没说清楚。王衍那时候正在洛阳，知道此事后就从差人那儿问了个明白，然后独自一人去拜见羊祜、山涛。

王衍聪明灵秀，风神洒脱，嘴皮子尤其利索，在两位高官面前丝毫不紧张，把要奏报的事情说得清楚流畅，条理分明。山涛十分惊奇，完事后，拉着小王衍的手打量个没完，情不自禁道：生儿子不就应当像王衍这样吗？羊祜却好像洞悉了一切，冷冷地说：他如此善谈，必将享有盛名，官至高位。但败坏风气甚至祸乱天下的，肯定也是他！

少年王衍对羊祜这番话不以为然，甩袖而去。不知道临死前，他可会想起羊祜的这句评语呢？

【原文】 王夷甫父乂（yì），为平北将军，有公事，使行人论，不得。时夷甫在京师，命驾见仆射羊祜、尚书山涛。夷甫时总角，姿才秀异，叙致既快，事加有理，涛甚奇之。既退，看之不辍，乃叹曰："生儿不当如王夷甫邪？"羊祜曰："乱天下者，必此子也。"

【译文】 王衍的父亲王乂做平北将军时，有一件公事，派使者去说明情况，没能办成。当时王衍在京师，便命令仆人驾车，自己去见仆射羊祜、尚书山涛。当时王衍还是小孩子，风姿和才能就已经优秀特异，他的叙述和表达简洁畅快，说事情时条理分明，山涛感到非常惊奇。王衍已经离开，山涛还不停地看他，并感叹道："生儿子难道不该像王衍这样吗？"羊祜说："将来祸乱天下的，必定是这个人。"

咀嚼美的年代

魏晋年代，品评人物之风大为流行，这种时尚发端于东汉后期，后来成为名士社交生活中的一个重要内容。

本条故事则最具代表性：

司马昱问名士孙绰对一些人的看法，孙绰从不同方面夸赞了这些人。司马昱又问孙绰怎么评价自己。孙绰先是说自己在一些方面比不上刚刚说的这些人，但是仍寄怀玄远，不让世事打扰心志，并认为这种高拔的情怀没什么可谦虚的。

乍一看，孙绰在谦虚。但再一看，发现他一点也没谦虚。魏晋名士珍重自我、爱惜自我，这种健康美好的自信，是来自于生命的觉醒。

而且，魏晋时期的人心性坦荡，推人不避亲。

比如王衍，最欣赏弟弟王澄，有人问他天下名士的排行，他说：王澄第一，庾敳（ái）第二，王敦第三。

东晋开国宰相王导也曾说：在洛阳，人们都把我比作名士王承、阮瞻，我当然也很推崇这两个人，但我还是希望大家一起推重王衍，他风神秀彻，才能出众。

王承（来自太原王家，而非琅邪王家）和阮瞻属于外人，而王衍属于王导的族兄，按后人的想法，在这里应该谦虚一下；但实际上王导没有谦虚，依旧推重自己的族人王衍。

品评人物之风虽然发端于东汉后期，但当时多关注人的道德层面，到魏晋时则更关注人的形貌、风神、气度，这个微妙的转化说到底是对个体生命之美和个体生命价值的肯定。在这种时尚下，人人都注重自己的风神。

戴渊是扬州人，年轻时一副游侠做派，经常带人蒙面潜伏在芦苇荡中抢劫过往客商。有一次，戴渊碰到名士陆机乘船经过。陆机船上带的东西很多，装满了船头，一下子就被戴渊给瞄上了。戴渊盘坐在岸边的胡床上，指挥着手下抢劫，动作潇洒，面色从容。

陆机看到了，不禁于船头赞叹戴渊的风度。

也就是说，在魏晋时，连一个强盗在打劫时都具有名士风度，一个时代的风尚由此可见。

而且，魏晋之人不相信所谓"内在美"比"外在美"更重要。他们认为"以貌取人"是一件相当靠谱的事，一个人内在的思想、精神、品质和风格，一定会通过外貌体现出来。

这种大胆品鉴生命之美的时代，还有吗？

【原文】　抚军问孙兴公："刘真长何如？"曰："清蔚简令。""王仲祖何如？"曰："温润恬和。""桓温何如？"曰："高爽迈出。""谢仁祖何如？"曰："清易令达。""阮思旷何如？"曰："弘润通长。""袁羊何如？"曰："洮洮清便。""殷洪远何如？"曰："远有致思。""卿自谓何如？"曰："下官才能所经，悉不如诸贤；至于斟酌时宜，笼罩当世，亦多所不及。然以不才，时复托怀玄胜，远咏《老》《庄》，萧条高寄，不与时务经怀，自谓此心无所与让也。"

【译文】　司马昱问孙绰："刘真长这个人怎么样？"孙绰回答说："他的清谈清新华美，禀性简约美好。"又问："王仲祖怎么样？"孙回答："温和柔润，恬静平和。""桓温怎么样？"孙说："高尚爽朗，神态超逸。""谢仁祖怎么样？"孙说："清廉平易，美好通达。""阮思旷怎么样?"孙说:"宽大柔润,精深广阔。""袁羊怎么样?"答:"谈吐清雅,滔滔不绝。""殷洪远怎么样?"答:"大有新颖的思想情趣。""你认为你自己怎么样?"孙兴公说:"下官才能所擅长的事,全部比不上诸位贤达;至于考虑时势的需要,全面把握时局,这也大多赶不上他们。可是以我这个没有才能的人而论,还时常寄怀于超脱的境界,赞美古代的《老子》《庄子》,逍遥自在,寄情高远,不让世事打扰自己的心志,我自认为这种胸怀是没有什么可推让的。"

第五章

感念深情

兄弟啊兄弟

曹操最后立曹丕接自己的班，应该是正确的。曹丕比较中规中矩，他唯一的失误是对司马懿的过度信任，以致最后王权落于司马家族之手。

再看曹丕的弟弟曹植，这位才华横溢的诗人，曹操最后没立他为世子，当然有很多原因，其中之一是他太情绪化了，又爱酗酒，喜欢抒情和幻想，不是政治家的作风。

曹丕和曹植的关系历来为人扼腕，被认为是兄弟绝情的典型例子。曹丕称帝后，对身边的宗族子弟很有戒心，责令他们统统离开洛阳，尤其是声望较高的曹植。曹丕曾一度打算杀了弟弟曹植，以绝后患。对此，曹植百感交集，七步为诗，直叹：相煎何太急！相煎何太急！

这个故事，应当是没有半点夸张。

三年后，曹植与白马王曹彪、任城王曹彰一起到洛阳朝拜皇帝，期间任城王曹彰被曹丕设计用毒枣谋杀，暴毙京都。

曹植与白马王曹彪得知后，无可奈何，只能怀着悲痛的心情返回自己的封地。为了防止他们在途中商量谋划，曹丕还下令两人不得同行。愤怒之下，曹植写下和《七步诗》同样著名的《赠白马王彪》："……人生处一世，去若朝露晞（人生在世，如朝露般短暂易逝）……"

在必须分别的路口，曹植拱手与曹彪告别。那时候，想必荒草连天，有老树、昏鸦和斜阳。泪水已尽，再没有什么话要说的了。

掉转马头，曹植孤零零地踏上返程的路。

【原文】　文帝尝令东阿王七步中作诗，不成者行大法。应声便为诗曰："煮豆持作羹，漉菽（shū）以为汁。萁在釜下然，豆在釜中泣。本自同根生，相煎何太急！"帝深有惭色。

【译文】　魏文帝曹丕曾经命令东阿王曹植在走七步的时间之内作诗，如果作诗不成就处死他。曹植立刻作了一首诗，念诵道："煮豆持作羹，漉菽以为汁。萁在釜下然，豆在釜中泣。本自同根生，相煎何太急！"魏文帝脸上出现了深深的惭愧之色。

思念旧人

向子期即玄学家向秀，河内怀县（今河南武陟西南）人。

作为"竹林七贤"之一，向秀自幼喜好老庄之学，是数一数二的庄子研究者。向秀对《庄子》一书的大部分进行了新注解，上承玄学家何晏、王弼、夏侯玄，在魏晋玄学上起到了承前启后的作用。

向秀最开始是个隐士，他与嵇康关系亲密，兄弟俩或一起在大树下光着膀子打铁；或一个弹琴，另一个坐在草地上倾听。后来，向秀被拉入竹林，跟其他六人共作逍遥游。

嵇康被司马昭所杀后，士人震惊。向秀经过一番思想斗争，最后还是决定出仕。去洛阳的途中，向秀路过嵇康旧居，想起故人，忽然有了咫尺天涯的凄凉之感。

那是一个归鸟也已疲倦的黄昏，暮色即将降临大地，突然有牧歌和着笛声响起。远眺洛阳，近睹嵇康的旧宅，向秀潸然泪下。后来，便有了著名的《思旧赋》，追忆了他与旧人嵇康的往事。这真是一段美好而又痛苦的追忆。

对向秀的出仕，很多人认为是被迫的举动。其实不完全是。向秀不是个极端的人，他对政治并不反感，只是一度对洛阳的局势感到失望。嵇康死后，各种波澜已平息，曹魏政权也已完全转移到司马家。

在这种情况下，向秀决定到洛阳出仕。

在大将军府，司马昭接见了向秀，问他：我听说先生打算像巢父、许由那样隐居，可为什么又出现在我面前？

古时尧打算将帝位传于巢父、许由，后者冷笑而去，在箕山隐居。

向秀徐徐说道：巢父、许由是狂狷之士，不值得效仿。您就说给我什么职位吧。

这直率的回答令司马昭大笑，继而，他又沉默了。沉默或许代表对向秀的赞赏？

后来，向秀做了散骑常侍。这是个位高而悠闲的官职，也许正适合向秀。

但对向秀来说，他跟山涛、王戎不同，他无心于政治。面对茫茫尘世，他总有一种无所傍依的痛苦。这种痛苦是复杂的，或许是因为人生的无常，或许是因为对生命本身的悲观。

于是，我们总能听到向秀在洛阳的叹息。

在一声叹息中，向秀给我们留下一个不知所终的背影。

【原文】　嵇中散既被诛，向子期举郡计入洛。文王引进，问曰："闻君有箕山之志，何以在此？"对曰："巢、许狷（juàn）介之士，不足多慕。"王大咨嗟。

【译文】　嵇康被处决之后，向秀担任郡计这一官职进入洛阳。文王司马昭召见他，问道："听说你有意隐居，为什么会在这里？"向秀答："巢父、许由是志向高洁却不懂变通的人，不足以过于仰慕。"司马昭深深赞叹他的回答。

酒垆边的感怀

王戎小时候就以聪慧从容著称。

有一天，王戎跟伙伴们玩耍，伙伴们看到路边李树上结了很多果实，便竞相去摘，唯有王戎不动。有人问为什么，王戎答道：李树栽种在路边，还结了这么多果子没人摘，一定是因为这李子是苦的！伙伴们尝了之后，果然是苦的。

还有一次，魏明帝命人驯虎，很多百姓都去现场观看。猛虎攀栏大吼，叫声震天，围观的群众都吓得倒在地上，只有王戎毫无惧色。

弱冠之年时，王戎造访阮籍，阮籍一见倾心，拉着他一起参与竹林之游，于是王戎成为竹林七贤中年龄最小的一位。

但后来也有种种迹象表明，王戎并不被那几位待见，还多次被嘲讽，比如一次阮籍、嵇康、山涛、刘伶等人在竹林里喝多了，见王戎来了，阮籍说：俗气的家伙又来败我们的兴致啦！嵇康、山涛、刘伶三人听了大笑。

阮籍不是很欣赏王戎吗？怎么现在又说他是"俗物"？莫非王戎在竹林交游中渐渐露出了俗相？我们无从得知。但王戎毕竟是王戎，面对阮籍的讽刺，他当即笑着回了一句：你们这些人的情致也能被败坏吗？！

虽然王戎多次被指责为俗物，但他终有宽广的胸怀，而且也有自知之明，能参与竹林之游，王戎已经很知足了。

不过，我们还是觉得王戎被伤害了。也许正是这个原因，后来王戎渐渐走出竹林：大家不是说我是俗物吗？那我就投身仕途吧。

嵇康、阮籍相继死后，王戎入仕，官至司徒，实现了自己的人生价值，把山东琅邪王家带入了新阶段。

这也很好啊。人生在世，各得其所，说的就是王戎吧。

西晋的一天，已成为尚书令的王戎，着公服，乘专车，路过黄公酒垆。

多年前，他跟阮籍、嵇康等人多次在这个酒垆开怀畅饮。酒垆还在，但故人多已离世。望着眼前的酒垆，遥想当年欢愉的场景，一时间，王戎热泪盈眶。

岁月易逝，风云无常。黄公酒垆下过，睹物思人，你我若有情，谁能不忧伤？魏晋时期的独特魅力，就在于名士们发现了自己内心的情怀，原来它可以那样快乐，也可以如此伤感。

昔日，我曾与嵇康、阮籍在这个酒垆畅饮！

这一句话，飘过了魏晋，传了千年。而这一生，物是人非的，岂止酒垆！

【原文】　王濬冲为尚书令，著公服，乘轺（yáo）车，经黄公酒垆下过。顾谓后车客："吾昔与嵇叔夜、阮嗣宗共酣饮于此垆。竹林之游，亦预其末。自嵇生夭（yāo）、阮公亡以来，便为时所羁（jī）绁（xiè）。今日视此虽近，邈（miǎo）若山河。"

【译文】　王戎做尚书令时，身穿公服，坐着轻便马车，从黄公酒馆旁边经过。回头对坐在车后的客人说："从前我和嵇康、阮籍一起在这家酒馆畅饮。在竹林中游玩的时候，我也坐在末席。自从嵇康早逝、阮籍亡故以来，我就被时势所羁绊束缚。现在看这家酒馆虽然近在眼前，却已经遥远得好像隔着高山大河。"

白首同归

晋惠帝永康元年（公元 300 年），洛阳发生了大事变：

被封为赵王的司马懿第九子司马伦，在谋主孙秀的怂恿下，发动政变，掌握了朝廷大权。

几天后，孙秀的手下出现在洛阳郊野的金谷园前，向此时已被免官的石崇索要他身边最美艳的歌女绿珠。石崇拒绝了。

孙秀得知后大怒，向赵王司马伦献谗言：立即诛杀石崇。

随后，石崇被捕。在被拘捕前，石崇看着绿珠说："祸由君起，奈何？"这句话没抱怨，只是无奈。绿珠最终也没负了石崇，一跃而起，坠下金谷园中的高楼，轻盈得仿佛暮春时节的落英。

石崇走上洛阳法场的那一天，洛阳的美男子潘岳也被捕了，还是因为孙秀。

孙秀，一个不知怎么就从底层爬上来的寒门人物，对名士们有着无法言说的自卑与仇恨，因为他一度想跟他们交往，但终不被待见乃至于被轻慢。比如，跟潘岳。

潘岳，字安仁，河南巩县（今河南巩义）人，与另一位文学家陆机齐名，都是西晋文坛大家，他写的《悼亡诗》《闲居赋》《秋兴赋》深切感人，流传至今。

这不算什么，即使没有这些诗文，潘岳依旧能被历史记住。因为他长得太漂亮了。少年时，潘岳到洛阳郊野游玩，被姑娘们遇到就会手拉着手把他包围起来。姑娘们、少妇们乃至老太婆，都是如此迷恋潘岳之貌，如果遇到潘岳乘车出游，还会往他车中投掷水果，苹果、橘子、香蕉和鸭梨，外加猕猴桃。可以想象，如果潘岳家里没有水果了，他坐着车在洛阳转一圈就可以了。

貌比潘安，后来成了形容一个人俊美的固定用语。

潘岳人漂亮，诗歌和文章也漂亮，但仕途生涯却不漂亮，甚至一无是处。他趋炎附势，曾是权臣贾谧的文学集团"二十四友"之首。当时，他是没办法看上寒微又猥琐的孙秀的，还曾用鞭子打过他。而现在，作为赵王司马伦的谋主，孙秀成了整个洛阳最炙手可热的人物，他对潘岳当年的行为怀恨在心，趁机报复。

石崇首先被押赴法场，此时他不知道潘岳也已被捕。当他看到从远处被押解而来的潘岳时，愣住了，随后长叹一声：安仁！你也像我这样吗?!

潘岳沉默了许久，然后说：我们确实是"白首同所归"啊。

潘岳的话让石崇想起四年前的那个春天。那是晋惠帝元康六年（公元296年），石崇在金谷园给朋友王诩送行。当时名士云集，贾谧的"二十四友"基本上都到齐了：潘岳、左思、陆机、陆云、欧阳建、刘琨……这是西晋最负盛名的一次聚会，跟东晋的兰亭雅集并称双璧。

金谷园在洛阳附近的金谷涧，石崇投入巨资，依山傍水地在这里修建了一所花园式别墅，园中种满了修竹、果树，又有山石、溪水，还养了一群仙鹤与马、鹿。

那天，花树楼榭间，大家吟诗放歌，又有绿珠为大家起舞助兴。后来，石崇把众人作的诗篇合在一起，命名为《金谷诗集》，并自己作了序。其中，潘岳的那首《金谷诗》有这样一句："投分寄石友，白首同所归。"本意是说他和石崇两人一直到老时仍然志同道合。

却不想，一语成谶。石崇死了，潘岳也死了，两人同赴法场，正应了那句"白首同所归"。

【原文】 孙秀既恨石崇不与绿珠，又憾潘岳昔遇之不以礼。后秀为中书令，岳省内见之，因唤曰："孙令，忆畴昔周旋不？"秀曰："中心藏之，何日忘之！"岳于是始知必不免。后收石崇、欧阳坚石，同日收岳。石先送市，亦不相知。潘后至，石谓潘曰："安仁，卿亦复尔邪？"潘曰："可谓'白首同所归'。"潘《金谷集》诗云："投分寄石友，白首同所归。"乃成其谶（chèn）。

【译文】 孙秀既怨恨石崇不把绿珠给他，也怨恨潘岳从前对他无礼。后来孙秀担任中书令，潘岳在中书省官署见到他，就喊他说："孙令，还记得我们从前的交往吗？"孙秀引用《诗经》中的诗句说："中心藏之，何日忘之！"从此潘岳知道自己一定无法避免孙秀的报复。后来孙秀逮捕了石崇、欧阳建，同一天又逮捕了潘岳。石崇先被押送到洛阳东市刑场，他还不知道潘岳已经被捕。潘岳后来被送到那里，石崇对潘岳说："安仁，你也这样了吗？"潘岳说："我们可以说是'白首同所归'。"潘岳有一首被收入《金谷集》的诗写道："投分寄石友，白首同所归。"这句诗竟然成了他们遇害的预言。

华亭鹤唳

西晋末年，天下已乱，司马家内部的各王争斗不休。

一天，成都王司马颖幕府中的人们聚会，他的谋主卢志（曾祖为东汉末年大儒卢植，来自范阳第一世家），问诗人陆机：陆逊（陆机祖父）、陆抗（陆机父亲）是你什么人？

在当时，直呼对方长辈名讳是极其不礼貌的行为。

陆机听后脸色大变，当即回答：正如你和卢毓（卢志祖父）、卢珽（卢志父亲）的关系一样！

陆机的弟弟陆云在现场。听了哥哥的回答，他吓得有些坐不住了。散场后，陆云拉着哥哥的袍子说：卢志是司马颖的心腹，你怎么跟他闹到了这种地步？也许他真的不知道呢。

陆机严肃地对弟弟说：在三国时代，我们的父亲、祖父是何等风云人物？名传海内，谁人不知？！

情况确实如此。

陆家是江东大族中的首席。陆逊当年一把火烧了刘备的七百里连营，这是陆家真正辉煌的开始。可如今，天下风云已变。晋灭了吴后，即使是江东头号大族，陆家子弟来到中原后，也不得不面临被歧视的局面。

总之，这场聚会不欢而散。陆家兄弟走了，卢志也铁青着脸走了。

陆机觉得受到了奇耻大辱。但他远远没想到，他的反应为自己日后埋下杀身之祸。

二陆的故事令人伤感。弟弟陆云为人文弱可爱；哥哥陆机则慷慨多言。两个人都非常有才华。入洛阳前的很长一段时间，他们隐居于华亭，即现在的上海一带。

说起来，他们是陆逊的后代，来自江东四大家族之一，做个官本来是简单的事。奈何吴国被灭，他们作为南方人，在北上洛阳后，不得不面对北方人的歧视。但是，陆机一心要延续陆家的荣誉，所以他忍辱负重，陆云尊重哥哥的理想抱负，也一直陪在他身边。

晋惠帝太安二年（公元 303 年），陆机的机会终于来了：这一年，成都王司马颖派他进兵洛阳，征讨长沙王司马乂。

陆机意气风发——他终于可以像陆家先人一样领军作战了。

可惜，陆机军中的北方人多不听他的指挥，加上陆机本人在军事上并没有祖父陆逊那样的天赋，于是，对战中，陆机惨败。卢志趁机落井下石，向司马颖进谗言，诬陷陆机。

最后，司马颖下令诛杀陆机、陆云兄弟。

陆机慷慨赴死，死时，唯一的遗憾是连累了弟弟陆云。在刑场上，陆机望着弟弟，热泪盈眶。一向柔弱的弟弟没有哭，而是劝慰哥哥：跟随哥哥一起赴死，我已经很满足了。

陆机仰天长叹：华亭那好听动人的鹤鸣，我们兄弟还能听到吗？

二陆之死不仅是个人的悲剧，也是时代的悲剧。二人之死彻底终结了江东士人在中原求官的欲望。

陆家兄弟的身影，终于封沉在历史的长河中。

【原文】　卢志于众坐问陆士衡："陆逊、陆抗是君何物？"答曰："如卿于卢毓（yù）、卢珽（tǐng）。"士龙失色，既出户，谓兄曰："何至如此？彼容不相知也。"士衡正色曰："我父、祖名播海内，宁有不知？鬼子敢尔！"议者疑二陆优劣，谢公以此定之。

【译文】　卢志在大庭广众之下问陆机："陆逊、陆抗是您的什么人啊？"陆机回答说："就像你跟卢毓、卢珽的关系一样。"陆云紧张得脸色都变了，出了门之后，对哥哥陆机说："何必到如此地步呢，他或许真的不知道我们的祖父和父亲呢？"陆机厉言正色说："我们的父亲、祖父，名扬天下，岂有不知道的，他胆敢这样无礼！"议论的人质疑"二陆"的优和劣，谢安根据这件事做出了定评。

年轻的卫公子

卫玠，字叔宝，河东安邑（今山西夏县北）人，西晋后期第一美男子，又被称为中兴第一名士。他官至太子洗马，一个辅佐太子的闲职，在政治上是个边缘人物，却不妨碍他成为洛阳最耀眼的明星。

卫玠不仅形貌俊美，而且风神优雅，皮肤尤其好，所谓"晶莹如玉"，很多人都不敢跟他走在一块儿。卫玠的舅舅王济本来就很洒脱了，但人们一提到他的外甥，这位舅舅便"自惭形秽"。

卫玠喜欢坐着小羊车漫行于大街上。洛阳的姑娘们看到，都迷住了。后来，名士乐广的女儿有幸嫁给卫玠，引来全体洛阳美女的叹息。

卫玠身体不好，从小体弱多病，甚至弱得连有些重量的绸缎都穿不了。这种羸弱，造就了他忧郁的气质，他也就更具有名士风采了。

卫玠善于清谈玄理，是很能说的。但由于身子弱，母亲叮嘱他，平时不能随便说话，因此很多时候他都保持缄默。物以稀为贵。这样一来，大家也就更崇拜带有神秘气息的卫玠了。公子总在沉默。但他不是装，而是真有才华，只要一开口，就能把清谈场上的其他人制伏。

这样美好的卫玠生逢乱世。

永嘉时代，胡族入侵，中原大乱。卫玠在永嘉四年（公元 310

年）离开洛阳。他先来到豫章郡（今江西地带），遇到名士谢鲲，二人彻夜长谈。卫玠本来身体就羸弱，这连夜长谈，还真使他病了。身体稍好后，他又踏上了前往建康的路。

此时东晋政权还未建立，琅邪王司马睿与权臣王导正在网罗名士。一听卫玠来了，大家都很高兴，建康民众更是倾城出动，观看这位中原顶级的名士。

由于人多如墙，马上的卫玠行进缓慢，终于到王导府邸，又被王导拉着彻夜长谈，加上长途劳顿，所以来建康没两天，卫玠再次卧床不起，不久后竟死去了，时人唏嘘不已，都说他是被"看死"的！

卫玠死时只有二十七岁。这个年龄似乎是青年才俊的一个生死线，很多才华横溢的人都是在这个年龄死去的。于是卫公子永远年轻。

事实就是这样：卫玠在历史上没做出什么贡献，没留下什么作品，仅依靠个人的风神之美就获得了生前身后名。

【原文】　卫洗马初欲渡江，形神惨悴（cuì），语左右云："见此芒芒，不觉百端交集。苟未免有情，亦复谁能遣此！"

【译文】　卫玠刚要渡长江时，身形瘦弱面容憔悴，他对随从的人说："看到这一望无际的茫茫江水，不由得百感交集。只要还是有情之人，又怎能排解得了此时的悲苦！"

新亭对泣

这一回，说的是东晋的开国宰相王导。

王导，琅邪临沂（今山东临沂）人，他是真正使琅邪王家成为六朝第一门户的人物。

早年在西晋的都城洛阳时，王导跟着堂兄王衍以及族长王戎参与各种场合的名士聚会。王导性格宁静，在当时不显山不露水，更多的时候只是坐在一旁倾听名士们清谈。那时候，王导就与琅邪王司马睿关系不错。

公元318年，司马睿在建康正式即皇帝位，建立东晋政权，他要做的第一件事，就是争取江东的高门世家的支持。遭遇抵触和不合作是难免的，毕竟在西晋洛阳时代，江东人受够了北方人士的轻蔑。

面对这种情况，司马睿束手无策，只能依靠王导。王导多次精心设计，让司马睿以及大批从北方逃难而来的名士上街，以中原仪表与神韵征服东吴人的心，借此树立政权最初的威望，这一举措收到了非常不错的效果，东吴士人啧啧称赞：看，这就是洛阳名士某某某……呀，某某也南下来咱建康了……

一来二去，东吴人，从百姓到大族，都发现司马睿和他的名士部属们还真是气宇非凡，久而久之，司马睿在建康站住了脚。北人与南人的相处也日渐和睦，政权也就安稳下来了。

由于空闲的时间多，每逢天高气爽的日子，王导就与洛阳来的名士一起相约到郊外散心。他们常去的地方是新亭。

新亭在建康西南，面临滚滚长江。

春日迟迟，一日午后，名士们又坐在草地上，临江远眺，想起中原沦陷，又想起当年洛阳的优游生活，很多人异常伤感。

名士周顗叹息道：建康的景色和洛阳一样，都美丽非常，只是故国山河不同了！

参加宴会的人听后都唏嘘不已，有的还落下了眼泪。

这时候，王导突然严肃起来：正因为山河不同，大家才应该一起努力，收复中原，怎么能像楚囚一样跟这儿哭呢？

在座的名士纷纷鼓掌，认为王导说得很好：到底是宰相，登得高，看得远。

【原文】　过江诸人，每至美日，辄相邀新亭，藉卉饮宴。周侯中坐而叹曰："风景不殊，正自有山河之异！"皆相视流泪。唯王丞相愀然变色曰："当共戮力王室，克复神州，何至作楚囚相对！"

【译文】　渡江来到江南的士大夫们，每到风和日丽的日子，总会想要来到新亭，在草地上宴饮。周顗在宴会上哀叹："风景没有什么不同，只是江山不一样了。"大家听后都相对流泪。只有丞相王导沉着脸说："大家应当齐心协力辅佐朝廷，恢复中原，怎么变得像楚囚那样相对而哭呢？"

终负此人

　　周侯即周顗，字伯仁，安城（今河南汝南）人，东晋初官至尚书左仆射，以旷达著称，名声很大但能力却一般。性好酒，三日不醒，又称"三日仆射"，于是名声更大了。

　　周顗和王导同为朝廷重臣，时有矛盾，但多属于鸡毛蒜皮的小事。

　　晋元帝永昌元年（公元322年），王导的堂兄王敦以诛杀晋元帝新提拔的宠臣刘隗、刁协为名，从荆州起兵，攻首都建康。王敦大军兵临城下时，朝廷派周顗去见王敦。王敦直说自己起兵是为了"清君侧"，而周顗说：不是所有君主都像尧、舜那样，谁能够没有过错？作为大臣，因皇帝有一点过错就举兵犯上？你性情太过刚愎暴烈了。

　　一番话说得王敦沉默了。但后来他还是率兵攻入建康，这是后话了。

　　当时，在朝廷担任宰相的王导心情是非常复杂的：一方面，他并不反对哥哥王敦的行动，因为清除刘隗、刁协等被晋元帝提拔上来的大臣，毕竟是为了确保王家的地位，维护王家的利益；另一方面，他作为宰相，哥哥举兵犯上，大逆不道，而自己身在建康城内，位置不但尴尬，而且危险。

　　为得到皇帝的宽恕，王导每日率领王家子弟跪在皇宫外。

　　一天，周顗被召入宫去见晋元帝，又看到王导等人跪在宫门前。

王导出言相求，周顗却直接走了过去，没理他。但见到晋元帝后，周顗倾力为王导求情，皇帝终于应允了，还留周顗吃饭，喝了不少酒。

周顗酒足饭饱走出宫门的时候，王导等人仍跪地不起。行为旷达的周顗，并没有把自己在宫里的所作所为告诉王导，也完全没有透露皇帝同意宽恕王导的消息，而是说了另外一番话：今年若杀了王敦一干叛臣，我肯定能挣一个斗大的金印挂在肘后！说完他大笑着走了。

王导傻了，误会了，以为将被满门被诛。但等了一段时间后，朝廷并没动静。

很快，王敦的军队攻入建康。当天，王敦与王导秘密见面，问及对周顗的处理，王导沉默不语。王敦明白了王导的心思，决定处死周顗。

周顗被害之后，过了很长一段时间，王导才知道事情的真相，于是老泪纵横，捶胸长叹，觉得自己负了周顗。

周顗死得如此之冤，王导自然有过错，但周顗本人呢？似乎多少也应为自己的死负一点责。为了名士的那洒脱性情，替人家说了话、做了好事，还不让人家知道，乃至令对方产生误解。于是结论是：周顗死于名士风度。

【原文】　王大将军起事，丞相兄弟诣阙谢。周侯深忧诸王，始入，甚有忧色。丞相呼周侯曰："百口委卿！"周直过不应。既入，苦相存救。既释，周大说，饮酒。及出，诸王故在门。周曰："今年杀诸贼奴，当取金印如斗大系肘后。"大将军至石头，问丞相曰："周侯可为三公不？"丞相不答。又问："可为尚书令不？"又不应。因云："如此唯当杀之耳！"复默然。逮（dài）周侯被害，丞相后知周侯救己，叹曰："我不杀周侯，周侯由我而死，幽冥中负此人！"

【译文】　王敦起兵反叛朝廷，和他同家族的王导和兄弟们一起到朝廷请罪。周顗非常担心王氏家族，刚进朝廷时，他脸上充满了担忧的神色。王导对周顗喊道："我家上百口人的性命委托给你了！"周顗径直经过，不回应。进入宫廷后，周顗尽力援救保全王家人。元帝最后赦免了王家人，周顗非常高兴，喝了酒。出来后，王导兄弟还跪在门口。周顗说："要是今年杀了那些反贼，我应当得到斗大的金印挂在肘后。"王敦到了石头城，问王导："周顗可以担任三公的职位吗？"王导不回答。王敦又问："可以做尚书令吗？"王导又不回答。于是王敦说："这样就只有杀死他了！"王导还是不说话。等到周顗被杀害，王导后来才知道他救过自己，叹息说："我不杀周顗，周顗却因我而死，我将来死后到了阴间也对不起他啊！"

像我这样的人

名士王濛病情加重，深夜卧在床上时，他借着床头的灯光，取拂尘观看，看了好一会儿之后叹息说：像我这样的人，竟然活不到四十岁！

类似"自恋"的话，王濛还说过。王濛长相俊秀，在照镜子时，他说：王文开（王濛父亲王讷，字文开）怎么生了我这样的儿子！

按史书记载：王濛少年时放纵不羁，后来才克己励行，赢得了风雅潇洒的美誉。

王濛来自太原王氏。在东晋时代，太原王氏出了两个皇后，一个是晋哀帝的皇后王穆之，一个是晋孝武帝的皇后王法慧。两位王皇后都是王濛的后人。王穆之是王濛的女儿，王法惠是王濛的孙女。从这个角度看，如果王濛不是三十九岁早亡，那么后来会更显贵。

说起来，王濛的死，有可能是被支遁气的。

支遁，字道林，东晋高僧。他从会稽来京城建康，入驻东安寺。王濛与他清谈，说了数百句话，自以为说得很好，但支遁听后慢慢地说：与君一别多年，没想到您对玄学的见解一点也没有长进。

王濛死后，他生前最好的朋友刘惔来吊唁，带来了一支犀牛柄的拂尘，精美漂亮。刘惔将这柄拂尘放入棺中，长伴挚友，伤心不已。不久后，刘惔也去世了。

刘惔、王濛二人友谊之深，很难用文字形容。两人中，论才华，刘惔要高出一些，或者说两人不是一个风格，一个清简孤拔，一个清润圆和。

王濛的儿子曾问父亲：刘惔叔叔的清谈功夫跟您比如何？

王濛说：华美的辞藻方面，他不如我；但在一针见血、一语中的方面，他胜过我。

无论如何，王濛和刘惔都死了，都没有活过四十岁。

魏晋人是特别珍惜生命的，不是他们怕死，而是说，他们为生命的消逝而伤怀。他们比前代更为珍视生命，因为他们发现了生命中的美。这美既来自精神的自由、人格的独立、情意的酣畅，也来自山川的秀澈，乃至云霞的高洁。这种美，甚至还来自他们自己的形体和气质，你看，在魏晋时期，形容一个人的容貌、举止和风神，用的都是绝然鲜亮的语言。

从这个角度看王濛之死，听他那一声叹息，总是令人落泪的。

【原文】 王长史病笃，寝卧灯下，转麈尾视之，叹曰："如此人，曾不得四十！"及亡，刘尹临殡，以犀柄麈尾著柩（jiù）中，因恸绝。

【译文】 王濛病重时，躺卧在灯下，转动着麈尾看，叹息说："像我这样的人，竟然活不到四十岁！"他去世后，刘惔亲临葬礼，把犀牛角柄的麈尾放入棺中，竟然悲痛得昏厥过去。

桓温的情怀

桓温相貌雄壮，性情粗犷，当时的名士多瞧不上他，认为他是粗鄙之人。

其实，桓温自有情怀。

晋穆帝永和十年（公元354年），桓温率军四万北伐前秦，在陕西蓝田大破前秦军，当地百姓沿途迎接，上年纪的人忍不住大声哭泣：多少年了，现在又看到了汉家军队！

然而此次出征，终因粮草不足而被迫撤退。

两年后，桓温再次北伐，矛头指向早已沦陷的洛阳。此次，他大败羌族首领姚襄的军队，收复了故都。在当时，这被看作惊天动地的大事件。

晋废帝太和四年（公元369年），桓温又率军五万北伐前燕。路过金城，看到自己早年做琅邪内史时所栽种的柳树已经很粗了，想起这些年的风云往事，这位一代枭雄不禁慨然叹息：树木尚且如此，人又怎么能够经受得了这岁月的消磨！说着，他手执柳枝，泪流满面。

作为一代枭雄，桓温是粗犷的；而执枝流泪，他又是细腻的。

一个是远景，一个是特写，放在历史的长河中来看，这样的情景总是动人的。

时光流逝，桓温之泪，真令人百感交集。

【原文】　桓公北征，经金城，见前为琅邪时种柳，皆已十围，慨然曰："木犹如此，人何以堪！"攀枝执条，泫（xuàn）然流泪。

【译文】　桓温向北征伐时经过金城，见到从前他在任琅邪内史时种的柳树已经有十围粗，感慨道："树木尚且这样，人又怎么经受得起呢？"他攀着树枝，握着柳条，潸然泪下。

第六章

鱗羽自珍

王敦之志

　　王处仲即王敦，宰相王导的堂兄，东晋初年的枭雄，掌握着长江中游荆州的兵权，遥控着下游的朝廷。

　　东晋，正是在王敦、王导兄弟俩的协助下建立的。

　　但时间久了，掌握兵权的王敦就成了朝廷的威胁。晋元帝司马睿打算削弱他的兵权，以宠臣刁协、刘隗两人为心腹。王敦于是起兵发难，攻入建康，斩杀刁协，逼走刘隗。

　　其实，多年前，对于王敦的凶狠，西晋大臣石崇家的侍女就已经做了预言。

　　以斗富著称的大臣石崇家的厕所极尽奢华，有十多名侍女列队伺候客人。厕所前的桌子上，摆着甲煎粉、沉香汁等增香去味的东西。另外，在石家上厕所，还有个规矩：出恭完，可以把身上的衣服扔了，换上准备好的新衣服再出来。

　　也许因为太奢华了，很多客人都不好意思在石崇家上厕所，比如王导，于是，他只好忍着。但王敦正相反，每次都十分从容。

　　一名侍女这样评价王敦：他的眼睛像胡峰，声音像豺狼。能旁若无人地如厕换衣，将来必能做贼！

　　后来的事实果如侍女所言。

　　晋元帝死后，晋明帝即位，王敦再次起兵，大有谋反的意味。然而时年五十九岁的他不久病死军中，这场叛乱就此平息。

　　西晋末年，王敦就有声名，是个果敢豪爽、决绝冷酷的人。

关于他的冷酷的逸闻，还是与石崇有关。石崇为人奢侈而残忍，与名士聚会时，常让美人劝酒，如果客人不给面子，那么这个美人便会被处死。一天，王敦、王导哥俩去拜访石崇，聚宴时，王导虽不能喝酒，但为了保全石崇家美人的性命，每次都一饮而尽，最后大醉。王敦则不。他很能喝，但偏偏不喝，没一会儿，已有三个美女被斩。王敦面色如故。

王导虽醉，但还有一丝清醒，替美人劝王敦饮酒，王敦说：石崇杀他自己家的人，干你什么事？！

这就是王敦。

由于前后两次进兵建康，人们常说王敦有自立为帝的欲望，更以他酒后高吟曹操的诗篇为例证——王敦一边吟咏"老骥伏枥，志在千里，烈士暮年，壮心不已"，一边用手中的如意敲打唾壶，致使壶口尽缺。这一行为，令人不得不浮想联翩：曹操当年可不就打算自立为帝吗？

不过，我想如此豪迈的枭雄，终究还是爱惜自己的名声的。就算没死于进军建康的途中，王敦也未必真有代晋自立的想法，就如同当年始终未称帝的曹操。

【原文】　王处仲每酒后，辄咏："老骥伏枥，志在千里；烈士暮年，壮心不已。"以如意打唾壶，壶口尽缺。

【译文】　王敦每次喝酒之后，都要念诵曹操的名句："老骥伏枥，志在千里；烈士暮年，壮心不已。"一边诵诗一边用如意击打唾壶，壶口被打得满是缺口。

骄傲的心

刘惔（dàn）字真长，沛国相县（今安徽淮北）人。

魏晋时期讲求门第出身，刘惔祖上曾为西晋高官，但到刘惔时家道已中落，他跟母亲寓居京口，以编草鞋为生，跟三国时期的刘皇叔一样，但这并不妨碍他后来成了东晋最傲慢的名士。

刘惔到京城建康后，得到了王导的赏识，参加了几次清谈聚会，震惊四座。

后来，刘惔与王濛同为会稽王司马昱府上的座上客，二人从此结下深厚友谊。

刘惔擅长清谈，打遍建康无敌手。晋明帝欣赏他的才华，将公主嫁给刘惔，并任命他为丹阳尹（即丹阳郡的行政长官。京城建康隶属丹阳郡）。

这位首都长官清秀脱俗，气质非凡，骄傲非常，甚至到了刻薄的地步：自称是名士谢尚和许询的老师；宁可饿着也不吃穷人的饭菜；讽刺清谈家殷浩是在田里耕作的农民；把脚丫子架到桓温的肩膀上……

这些都是刘惔做的。

尤其是把脚丫子架到桓温的肩膀上，换了别人还真不敢，那可是一代枭雄桓温的肩膀啊——即使你们是少年玩伴，即使你们分别娶了晋明帝的两个女儿。

桓温大约是服了，没什么过激反应。

还有一次，刘惔最好的朋友王濛与他小别后相见，说：老弟，你的清谈功夫又进步不少。刘惔答：其实我就跟天一样，本来就很高啊！

又如本条，在与桓温的对话中，刘惔自诩为第一流人物，将会稽王评定为二流人物。

骄傲如刘惔。

在这个世界上，傲慢者分两类：一是在他那个领域确实出色；二是跟着瞎起哄。对于刘惔来说，他当然属于前者。

可惜的是，好友王濛去世后，刘惔非常伤心，没过多久也死去了。这一年他才三十五岁。

后来，谢玄问叔叔谢安：刘真长傲慢刻薄，为什么还有这么大的名气？

谢安答：你是没见过他！现在，你见到王献之就欣赏得不行，更别说见到刘惔了。

强者自强。刘惔虽傲慢得不着边际，但因他确实才华高迈，受到从皇帝到士人的一致宾服。

【原文】　桓大司马下都，问真长曰："闻会稽王语奇进，尔邪？"刘曰："极进，然故是第二流中人耳！"桓曰："第一流复是谁？"刘曰："正是我辈耳！"

【译文】　大司马桓温东下来到京城，问刘惔："听说会稽王司马昱的清谈有了很大的长进，是这样吗？"刘惔说："大有长进，但仍然是第二流中的人物。"桓温说："第一流人物又是谁？"刘惔说："正是我们这些人啊！"

金石之声

晋代玄学盛行，诗歌也充满浓重的说理色彩，即为玄言诗。玄言诗中的代表人物是许询和孙绰。到了谢灵运那儿，才渐渐把中国的诗歌从玄言诗里拉出来，转向了清新的山水诗，为后来的大唐诗歌奠定了基础。

本条中的孙兴公即孙绰，中都（今山西平遥）人，官至延尉卿，袭父亲的爵位封长乐侯。

生活在东晋时代的他，深具文学才华，青年时隐居会稽，与许询齐名，但二人特长不一，许询文才不及孙绰，但风格高迈（也确实一生未仕）；孙绰文才超过许询，但为人世俗。

然而，这样的孙绰也做过一件大事：反对桓温迁都洛阳。晋穆帝永和十二年（公元356年），桓温再次率军北伐，收复了失陷近半个世纪的故都洛阳，便想让朝廷迁都回洛阳，还打算让当年从洛阳迁到建康来的全体士民集体迁回去。这几乎遭到了所有名士的反对，因为他们已习惯江南美丽的风景和安宁的生活。但慑于桓温的权势，朝廷中几乎无人敢公开抗议。孙绰专门向朝廷上疏，坚决反对此事。

桓温的计划最后没有实现。当然，这不是孙绰一人之力。

《天台山赋》是孙绰游览完天台山后写的，他被美景所感，写成此赋，这篇作品成为中国古代文学史较早的山水游记，意义非凡。

孙绰本人也十分喜欢自己的这篇作品，认为是压卷之作，还拿给范荣期看，说：你把它掷在地上，应该会发出金石一般的响声。

孙绰一生中，与许询最为友善，还与谢安、支遁、王羲之等人交游。

但在诸位名士眼里，孙绰似乎是个二流人物，很多人不屑于他多少有点鄙俗的风格。

王濛死后，孙绰写了哀悼的文章，其中顺便夸了自己两句。后来，王濛的后人王恭看到，说：这孙绰真是出言不逊，我故去的祖父怎么会跟这样的人交往呢？

为庾亮作悼念文章时，孙绰也写了很多套近乎的词进去。写完了，孙绰展示给庾亮的儿子看，后者看完，愤然还给他，说：我父亲与您的交情好像没到这一步吧！

还有一次，孙绰和弟弟在谢安家过夜。当时谢安没在家，孙家兄弟聊天时，该说的、不该说的，雅的、俗的，都说个不停。谢夫人是刘惔的妹妹，当然也是个高傲厉害的主儿，听到谈话内容后很不高兴。隔天谢安回家后问孙家兄弟怎么样，谢夫人答：我亡兄的门下可没有这样的客人！

谢安听了这话，自然有些惭愧。那就让谢安去惭愧吧，孙绰没什么好惭愧的。毕竟，在文学上，他是东晋不可多得的全才：写诗自不必说，还能作文——他是东晋最大的奠文作者，王导、庾亮、温峤、郗鉴、王濛、刘惔、王羲之等人的碑文都是他写的。

【原文】　孙兴公作《天台赋》成，以示范荣期，云："卿试掷地，要作金石声。"范曰："恐子之金石，非宫商中声。"然每至佳句，辄云："应是我辈语。"

【译文】　孙兴公写成了《天台赋》，拿去给范荣期看，并且说："你试把它扔到地上，定会发出钟磬般的声音。"范荣期说："恐怕您的金石声，不合宫商的音调。"可是每当看到优美的句子，他又总是说："这正该是我们这些人的语言。"

不必谦让

王述是太原晋阳（今山西太原）人，西晋、东晋之交的名士王承的儿子，按说是非常受到关注的，但王述早年才华不显，到三十岁时还没成名。人们都以为他呆，他当时给人的感觉也确实是反应比较慢。

王述性急，一次吃鸡蛋的时候，用筷子去扎鸡蛋的壳，没扎破，便生气了，把鸡蛋扔在地上。鸡蛋在地上转个不停，他又下地去用鞋踩，没踩到。王述大怒，把鸡蛋捡起来放进嘴里，把蛋壳咬开然后扔了。

当时，王羲之很轻视王述，听说这件事后，大笑道：即使是王承这样的名士有这样的性子，也没什么好值得说的，何况王述这样的傻子！

虽性子急，但王述又能忍：谢安的哥哥谢奕性情粗暴，因一件事不合心意，就去王家数落王述，最后破口大骂。王述的表现呢？王述表情严肃地转身对着墙，过了半天，谢奕已经走了许久，他转头问左右小吏：走了没？答：走了。然后王述才转身坐回原来的位子。

到晚年，王述声名日重，出任扬州刺史，成为王羲之的上司，王羲之知道后愤怒地辞职了。

再后来，王述又升为尚书令，成为宰相级别的朝廷重臣。任命刚刚下来时，他的儿子王坦之说：父亲！您该谦虚点，推让一下。

王述说：你觉得我有能力和名望当这个官吗？

王坦之说：当然。但谦让是美德，恐怕不能少！

王述感慨地说：既然有能力和名望当这个官，为什么要谦让？以前人们都说你胜过我，现在看来你不如我！

王述的话令人感慨。为什么做人就不能坦率一些？谦虚的尽头是虚伪，让一些美好的品质比如主动、进取、自信、勇敢等丧失殆尽。

【原文】　王述转尚书令，事行便拜。文度曰："故应让杜、许。"蓝田云："汝谓我堪此不？"文度曰："何为不堪！但克让自是美事，恐不可阙。"蓝田慨然曰："既云堪，何为复让？人言汝胜我，定不如我。"

【译文】　王述调任尚书令，任命一下，他就接受了官职。他的儿子王坦之说："本来应该让给杜、许吧。"王述说："你说我能胜任这个职位吗？"王坦之说："怎么不能胜任！但能够谦让自然是好事，恐怕谦让一下是不可缺少的。"王述感慨道："既然说我能胜任，又为什么要谦让？人们说你胜过我，我认为你一定不如我。"

第七章

雅量从容

杜预的恨

这一条，说的是杨济的雅量。

但更令人感兴趣的，是西晋名将杜预在名士心中的形象问题。

杜预是长安人，西晋时的文武全才，为人博学，熟读《春秋》，还曾为《春秋》做注解；虽然不会骑马，箭术也很糟糕，却不妨碍他精通军事谋略，后被人称为"杜武库"。晋武帝咸宁四年（公元278年），羊祜独具慧眼，推荐杜预为荆州刺史，加镇南大将军，两年后全程参与了灭吴战争。

战争结束后，晋武帝和他的大臣们认为天下一统，可以放松武备了，唯有杜预认为不可，但他的意见未被采用。在他死后没多久，全国便陷于崩溃。

本条故事说的是，杜预去荆州赴任前，朝臣在洛阳郊外的七里桥为他送行，其中包括杨济。此人是当朝国丈杨骏的弟弟，出身名门，为人傲慢，见满朝大臣都来为杜预饯行，心生不快，于是未落座便甩袖而去，后来又被和峤拉了回来，像什么事都不曾发生过一样地安然地坐着。

杨济自是显示了他的名士风度。但是杜预呢？他真的有些愤怒了。当然他没有表露出来，依旧不动声色地在长亭内与诸人碰杯告别，包括杨济。不过，那一刻开始，他横下一条心——此次赴南方荆州，不灭吴国，誓不还洛阳。

杜预的才华远在杨济之上，但后者却甩袖而去。为什么？

此前，还发生过一件事：当时的名士羊曼和几个朋友去杜预家做客，却不愿与杜预同席。

大家为什么如此轻视杜预？

即使讲究门户，杜预出身也不差啊，京兆杜氏，名门大家。杜预祖父，也曾做到魏国太保；父亲则任幽州刺史，而他本人还是司马昭的妹夫。

但再深究的话，还是会发现端倪。

原来，当年杜预的父亲跟掌权者司马懿不睦，后来司马懿指使朝臣弹劾他，他被贬为庶人。也就是说，杜预成长于一个已无权势的家庭，加上他年少时又好游侠，名士都认为他粗鄙，往往轻视他。

这所有的难堪，杜预都记下了。

后来，他作为灭吴主将之一，立了大功勋，凯旋洛阳后，名士们为他庆功，杜预自己单独坐，不跟当初轻蔑他的那些人共坐。

后人看到这里，会认为杜预心眼儿太小，魏晋人物不是讲究雅量吗？为什么不能宽容那些人呢？其实，魏晋风度讲求的恰恰是不宽恕，这与心胸是否狭小无关，重点是要直面自己最真实的性情——宽恕或者不宽恕都可以，只要你遵从内心，便是魏晋风度。

【原文】　杜预之荆州，顿七里桥，朝士悉祖。预少贱，好豪侠，不为物所许。杨济既名氏雄俊，不堪，不坐而去。须臾，和长舆来，问："杨右卫何在？"客曰："向来，不坐而去。"长舆曰："必大夏门下盘马。"往大夏门，果大阅骑。长舆抱内车，共载归，坐如初。

【译文】　杜预到荆州赴任，在七里桥停留，朝中官员都来为他送行。杜预年轻时身份低微，喜欢做强横任侠之举，人们都不赞许他。杨济是出身名门的杰出士人，不能忍受如今的这种情形，没有入座就走了。过了一会儿，和峤来了，问："右卫将军杨济在哪里?"有客人说："刚刚来过，没入座就走了。"和峤说："他一定在大夏门下骑马盘旋。"说完前往大夏门，杨济果然在那里检阅骑兵大军。和峤把他抱进车里，一起乘车回到七里桥，像刚才一样坐下宴饮。

失传的广陵散

嵇康，谯郡铚县（今安徽濉溪）人。

魏晋时，品评名士最重形貌与风神，那嵇康什么样？按史料记载：嵇康身长七尺八寸（约一米八八），风姿特秀，在山中采药时，有人遇上了，还以为是神仙。

嵇康是那个时代在外貌与风神上最有魅力的人之一，再加上他刚傲的性情以及深邃的思想，不想成为偶像都难。

作为魏国著名玄学家、流行音乐家，嵇康不但善弹琴，还喜欢打铁，这正是他的独特气质：远处看，很粗犷；近处看，很细腻。

他是淡定从容的，又是骄傲刚直的。

他喜欢庄子，鄙视儒家礼法，清高独立，人长得又帅，很受姑娘们的青睐。曹操的曾孙女长乐亭主抢得先手，嫁给了嵇康。就这样，嵇康的背景中被打上曹魏的烙印。

只是，在嵇康生活的年代，司马家通过一系列手段已控制了曹魏的实际政权。

对司马家的所为，嵇康是鄙夷的：江山可以夺，但不应该是这个夺法。于是嵇康彻底不与司马家合作。山涛荐举嵇康为官，嵇康就写下了著名的《与山巨源绝交书》。

正如我们说过的那样，嵇康与山涛并非真绝交，只是借信明志，诉说情怀。最直接的证据就是嵇康的儿子嵇绍在父亲被杀后，在山涛的抚养下长大，并被荐举为官。

初到洛阳的嵇绍，由于身材伟岸、形神俊朗，一进城就把人们震到了，于是有人去跟王戎说：嵇绍确实帅气非凡，在人群中仿佛是"鹤立鸡群"（又一个成语诞生了）。

王戎笑了一下，冷冷地说道：他确实很精神，但你没见过他父亲（见到了你才知道什么叫作真正的鹤立鸡群）！

他的父亲，在写完《与山巨源绝交书》后没多久，终于遇到了麻烦。

导火索是吕安事件。吕安是嵇康的好友，两人感情颇深，动辄奔行千里相会。

当时吕安的哥哥吕巽以"不孝"之名诬陷弟弟。这在古代是大罪了。嵇康大怒，为友人辩护，被牵扯进去。

掌权者司马昭想起嵇康对司马家的一贯态度，杀心渐起。这时候，一向与嵇康有嫌隙的钟会也适时地在司马绍跟前加了一把火：他将嵇康写的《与山巨源绝交书》拿到司马绍面前。这篇绝交信中，嵇康拒绝与司马家合作的态度再明显不过了。

先说说嵇康与钟会，他们是魏国名士中外形最俊朗的两个人，又都身负才华。钟家是著名的颍川世家大族，身份更高。两个人互相看不上眼，在魏国已不是什么新闻。

嵇康看不上钟会，是因为他依附司马昭；钟会看不上嵇康，则是因为后者比自己更有魅力，同时，钟会又认定，我为司马家效命与你做曹家的女婿没有本质区别，嵇康，你不要太过清高。

话说回来，即使如此，在杀不杀嵇康的问题上，司马昭仍未下最后的决心。毕竟嵇康名气太大了，又是名士中的旗帜性人物，杀了他，名士寒心，这事他必须考虑。但当洛阳的三千名太学生为嵇康求情，说愿意拜嵇康为师时，司马昭下了最后的决心——他发现自己还是低估了嵇康的影响力。当一个人不与当权者合作，而又拥有极高的影响力时，当权者是不会高兴的。

临刑的那个午后，大约没有阳光。虽是被诬陷而死，但嵇康这一次没有怒发冲冠，而是在最后为我们留下一个洒脱的背影，他要来一把琴，不动声色地弹奏着《广陵散》，曲终，从容赴死。

王戎曾说：与嵇康交往二十年，没见过他欢喜或者愤怒。嵇康的喜怒伤悲，不形于色，这便是魏晋名士所推崇的雅量。但同时，嵇康又有另一副面孔。如果说阮籍的狂放中带着几许忧伤与无奈，那么嵇康的狂放中便带有明显的激烈与刚直。

于是，刀落了，升起的是光辉，照亮了后世士人的情怀。

嵇康死了，也带走了《广陵散》，临刑前，他叹息道：当初，袁孝尼（袁准）想跟我学这首曲子，我没有答应他，可惜这首曲子从今以后就失传了。

这是何等生动的死！

性格激烈的嵇康，最后选择了沉静地去死。

大将军司马昭，一下子又后悔了。这未必是做戏，他没必要做戏给谁看。他之所以后悔，大约是回过神来：嵇康，说到底是没有威胁的。他可杀，也可不杀。如此说来，何必杀了他留下千古骂名？

只是，一切都晚了。

【原文】　嵇中散临刑东市，神气不变。索琴弹之，奏《广陵散》。曲终，曰："袁孝尼尝请学此散，吾靳（jìn）固不与，《广陵散》于今绝矣！"太学生三千人上书，请以为师，不许。文王亦寻悔焉。

【译文】　嵇康即将在洛阳东市被处死时，他的神态表情和平时一样，没有变化。他要来琴弹奏，弹的是《广陵散》。演奏结束，嵇康说："袁准曾经请求跟我学习弹奏这首曲子，我吝惜地固守着它，没有教给袁准，《广陵散》从今以后要失传了！"三千名太学生向朝廷上书，请求让嵇康做他们的老师，没有得到允许。司马昭不久也后悔处死了嵇康。

古人的出名

魏晋人，尤其看重人的精神风貌。华贵高迈的姿仪、气质和风神，自然可以带出一种不怒自威的效果。当然，也存在另一种情况：不谈形貌风神，只把名字一报，众人就都被惊傻了。这说的是褚裒（póu）。

褚裒，字季野，河南阳翟（今河南禹州）人，他的女儿褚蒜子为晋康帝皇后。说到这里，顺便介绍一下褚蒜子。褚蒜子是东晋美女，二十岁刚过时，丈夫晋康帝就死了，当时她抱着年仅两岁的晋穆帝临朝听政，这位有才且会用人的女人先后辅佐过包括丈夫在内的东晋的六个皇帝，在中国历史上绝无仅有。

谢安尊崇褚季野，常跟人说：褚季野虽沉默不爱说话，可四季冷暖皆在胸中。名臣桓彝则称褚季野"皮里春秋"——话虽不多，但心里都有数。

褚裒刚来到建康的时候，曾去金昌亭游览，当地世家大族的子弟们正在此亭聚会。

此时褚裒虽已负盛名，但不为人所识，这些大族子弟们以为又是个落魄逃难的北方佬，于是有人使坏，叫侍从不停地给褚裒的杯里倒茶水，但是不给主食。最后没办法了，褚裒慢慢举起手说：我是褚季野。

话音刚落，四座惊散。

古人成名何其难！在古老遥远的时代，一个人名声的扩大，只能依靠原始手段，即口口相传。当金昌亭内的吴国少年听到他们戏弄的是褚裒而吓得惊恐奔逃时，褚裒的名声之盛，可想而知。

褚裒有盛名，却死于忧愧。

晋穆帝永和五年（公元349年），后赵的暴君石虎死了，北方陷入混乱。褚裒率军三万北伐，以失败告终。不仅损兵甚多，而且致使很多打算南迁的北方民众遭到胡人屠杀，褚裒为此忧愧而死。

【原文】　褚太傅初渡江，尝入东，至金昌亭，吴中豪右燕集亭中。褚公虽素有重名，于时造次不相识别，敕左右多与茗汁，少著粽，汁尽辄益，使终不得食。褚公饮讫，徐举手共语云："褚季野。"于是四坐惊散，无不狼狈。

【译文】　褚裒刚刚渡江南下，有一次去东边，到了金昌亭，吴地的豪强大族正在亭中聚会宴饮。褚裒虽然一直名声远扬，但当时匆忙间没人认出他，主管者让手下多给他茶水，少给他瓜果蜜饯，茶水喝完就立即添满，让他始终吃不到东西。褚裒喝完茶，从容地对大家举手行礼说："我是褚季野。"于是满座的人惊慌逃散，全都狼狈不堪。

没什么

庾小即庾亮的弟弟庾翼，在庾亮死后接任荆州刺史，掌握重兵。

这天，庾翼的岳母跟夫人在城楼上看庾翼在卫兵的簇拥下骑马回来。岳母跟自己女儿说想见识一下庾翼的马术，庾亮的夫人听了，立即派人去告诉庾翼：母亲想看看你骑马奔驰的样子，你可得露一手！

庾翼大笑着说：这好办！

随后，庾翼令手下四散开来，自己纵马奔驰，但刚跑了两圈，就从马上摔下来。部下大惊，慌忙上前搀扶。庾翼却像没事儿人，神色自若，拍了拍屁股上的土，溜达着进了城门。

这本应该是一件非常难堪的事——在想表现的时刻出丑了。但问题在于，魏晋是个不按常理出牌的时代，当主人公在最"应该"尴尬的时候毫无尴尬之色地从地上爬起来，他也就拥有了名士间最推崇的雅量。所以，在这里，也就不要追究庾翼的马术到底如何了。

类似的故事还有一个，发生在谢安的弟弟谢万身上。

哥哥谢安从容，有雅量，弟弟谢万每每模仿。有一次，名僧支遁从京城建康返回会稽，名士们在城外的一处亭子为他送行。蔡系（字子叔，东晋名臣蔡谟次子）先到，坐在支遁身边。随后，谢万也到了，坐在支遁对面。其他名士也渐渐来了。长亭送别，大家不胜伤感。

过了一会儿，蔡系起身出去了一下，这时候，谢万坐到了方才蔡系的位置上。很快，蔡系回来了，见谢万占了自己的位子，二话没说，连坐垫带谢万一同端了起来，扔到地上，随后自己坐回原处。

可以设想，谢万当时有多么狼狈。大家都吃惊地看着这一幕，连一向以潇洒著称的支遁也很意外。这时候，谢万慢慢地从地上爬起来，拍了拍身上的土，神色平静地回到了自己原先的座位上。

等坐好了，谢万对蔡系说：你真是个奇怪的人，险些让我破了相。

蔡系回答：我本来也没有考虑过你的脸。

后来，两个人都不介意，像什么都没发生一样。

一个人也许会在大事面前做到从容，而无法在涉及个人面子的事上做得洒脱。但在这里，谢万不认为自己受到了蔡系的羞辱；而蔡系也没刻意羞辱的意思，于是事情回到最单纯的层面。做一个设想：如果把谢万换成谢安，谢安会有何表现？

【原文】　庾小征西尝出未还。妇母阮是刘万安妻，与女上安陵城楼上。俄顷翼归，策良马，盛舆卫。阮语女：“闻庾郎能骑，我何由得见？”妇告翼，翼便为于道开卤簿盘马，始两转，坠马堕地，意色自若。

【译文】　征西将军庾翼有一次外出还没回家。他的妻子刘氏的母亲阮氏是刘绥的妻子，和女儿一起登上安陵城的城楼。很快庾翼骑着骏马回来了，后面有很多车马卫士跟随。阮氏对女儿说：“听说庾翼擅长骑术，我怎么才能见识到他的骑术呢？”刘氏告诉了庾翼，庾翼就为自己的岳母在道路上摆开仪仗队，自己骑马盘旋，然而才转了两圈，就掉下马背摔倒在地上，但他的神色坦然自如。

远志与小草

　　谢安，字安石，陈郡阳夏（今河南太康）人，身份是名士，职业是宰相。

　　他的一生，既实现了政治抱负，又保持了名士风度。从这个角度看，他在中国传统士人的心目中是完美无缺的，超越了作为同行的李斯、霍光、曹操、诸葛亮、王安石、张居正……唐朝诗人李白狂傲不羁，一生只服谢安，并为他写诗十几首。

　　魏晋名士必会清谈，谢安的清谈功力不是最好的，但综合实力却是东晋名士里的首席：优雅、旷远、放达、从容、洒脱、高迈、飘逸、宁静，这些词都能用在谢安身上。

　　谢安出生于会稽山阴，东晋初建那一年，谢安四岁。当时，后来的权臣、桓温的父亲桓彝到谢家做客，看到谢安后，啧啧称奇。

　　从东汉到魏晋，一个人要想有盛名，必须得到前辈的称赞和同辈的褒奖。谢安就是从四岁时进入大家视野的。青少年时的谢安，虽年纪不大，但已精通老庄。他曾拜访名士王濛，两人清谈了一整晚。宰相王导也特别器重谢安。名士相推，谢安必须火了。

　　及至青年，众家名族都想让谢安做女婿，但最终谢安娶了东晋第一狂士刘惔的妹妹。

　　有几个人能进入刘惔的视野？他最后将妹妹嫁给谢安，这从另一个角度足以说明谢安的优秀。

　　谢安虽然青年时代就已经名扬海内，但是他无意仕途，隐居在山水奇美的会稽的东山，与一干名士交游。作为京城建康后花园的会稽，是东晋士人真正的文化和精神中心。即使在朝为官，很多人在会稽也建有自己的休假别墅。

这期间，朝廷屡次召他为官，均被拒绝。后来，朝廷急了，下令终身禁锢他的仕途。谢安听说后大笑，不为所动。

四十岁之前，谢安一直隐居于会稽。我们知道，魏晋以后已慢慢形成门阀士族政治。如果你想使这个家族兴盛下去，除了有良好的家学家风，还必须保证家族子弟前赴后继地出仕为官，形成一种不能断绝的链条。

但此时的谢家却出了问题。

谢安兄弟六人，分别为：谢奕、谢据、谢安、谢万、谢铁、谢石。

谢安出山前，哥哥谢奕、弟弟谢万等人都已出仕。为此，夫人刘氏对谢安说：身为大丈夫，难道不应像谢奕、谢万那样出仕做一番事业吗？

谢安把鼻子捏住表示不认可，但最后又缓缓地说：唉！最终我恐怕也免不了跟他们一样。

果不其然，到谢安中年时，家族遭遇了一系列变故：先是堂兄谢尚于公元357年去世；次年，哥哥谢奕又死了；到了公元359年，弟弟谢万因出兵北征惨败，被废为庶人。短短三年内，谢家的三个主要代表人物非死即废。

在这种背景下，谢安若再不出山，家族的荣誉即将断绝。

思前想后，公元360年，通过隐居而养足了人气的谢安决定出山。

虽然朝廷先前曾扬言在仕途上禁锢其终身，但实际上属于气话，所以当谢安决定出山时，很多官衔相继而来。谢安最后则选择进入权臣桓温的幕府。就这样，谢安从会稽东山来到京城建康，同时也带出了"东山再起"的成语。

当初，朝廷屡征不起的时候，人们这样说：谢安不出山，置天下苍生于何地？现在谢安终于出来了，又有官员半开玩笑地说：谢安出山了，现在苍生又将怎么对你？

这话当然有讽刺之意。

谢安有雅量，听后笑而不答。

谢安遇到的嘲讽当然不止这一次。天下人望所在的谢安来到桓温幕中，这位枭雄异常兴奋，当晚即和谢安谈到深夜。桓温府中的另一些人不高兴了，想给他难堪。

一天，下属送给桓温一些草药，其中有一味药叫"远志"。桓温展示给谢安看，说：听说这种药还叫"小草"。为什么会有两个名字呢？

谢安还没回答，在座的一位便说：隐于山间，就叫"远志"；出山之后，便是"小草"。

这句话里的嘲讽意味更明显了，直接说现在出山了的谢安是微末的小草。

桓温听了皱眉，谢安却很平静，令这位出言讽刺的人又不得不为谢安的雅量所折服。

【原文】　谢公在东山，朝命屡降而不动。后出为桓宣武司马，将发新亭，朝士咸出瞻送。高灵时为中丞，亦往相祖。先时多少饮酒，因倚如醉，戏曰："卿屡违朝旨，高卧东山，诸人每相与言：'安石不肯出，将如苍生何！'今亦苍生将如卿何？"谢笑而不答。

【译文】　谢安在东山隐居，朝廷屡次颁布命令让他出仕，他却不离开东山。后来他出来担任桓温的司马，即将从新亭出发，朝中官员都出来见面送行。高崧当时担任中丞，也去给他送行。之前他稍微喝了些酒，于是借着醉意，对谢安开玩笑说："你屡次违背朝廷旨意，隐居在东山，人们常常互相议论说：'谢安不肯从山里出来做官，让天下百姓如何是好呢？'现在（你出山了）天下百姓该拿你怎么办呢？"谢安笑着不回答。

入幕嘉宾

郗超，字嘉宾，是东晋初年重臣、北府兵建立者郗鉴之孙。他既善谈论，又英武果敢，硬朗大气，具有军政谋略，是个很好的复合型人才。在桓温掌权东晋的岁月，郗超深受这位枭雄喜欢，为桓温幕后第一心腹。

一次，在郗超的策动下，桓温要剪除朝中不利于自己的大臣，两个人连夜拟定名单，准备上疏于皇帝。由于商定得太晚，郗超就留宿于桓温帐中。

第二天，桓温把另两位权臣谢安和王坦之招来，这时候，郗超还在帐中。

桓温把要给皇帝的上疏扔给王坦之，后者看着上面密密麻麻的名字，不由自主地说：有点多了。谢安则一言不发。

桓温似乎也觉得有点多，于是拿起笔来准备删一些名字。这时候，帐中的郗超偷偷跟桓温说话。

谢安笑了，徐徐说道：郗嘉宾啊，你真可称得上是入幕之宾。

郗超听后"嘿嘿"一笑，从幕后潇洒地转出，还向谢安问好。

在这里，谢安没一惊一乍，郗超也保持了从容，两个不动声色的人都是有雅量的。

可惜，郗超最后的人生结局是黯然的。

桓温还没来得及篡权，便匆匆死去了。作为桓温的心腹，郗超自然不会再为朝廷所用——他被罢免了。几年后，郗超病逝，年仅

42 岁。

　　对于郗超的死，谢安是非常伤心的。有一天，谢家子弟聚集在一起谈论圣贤，谢安说：其实，圣贤与普通人的距离没我们想象的那么远，甚至可以说很近。

　　谢安的子侄都持反对意见。

　　谢安没做解释，只是惆怅地说：要是郗超在，他一定是认同我的。

　　【原文】　桓宣武与郗超议芟（shān）夷朝臣，条牒既定，其夜同宿。明晨起，呼谢安、王坦之入，掷疏示之，郗犹在帐内。谢都无言，王直掷还，云："多。"宣武取笔欲除，郗不觉窃从帐中与宣武言。谢含笑曰："郗生可谓入幕宾也。"

　　【译文】　桓温和郗超商议除去一批朝廷大臣，名单商定好了，那晚二人共卧同宿。第二天早晨，桓温叫谢安、王坦之进见，把条陈扔给他们看，郗超当时还在床帐内未起。谢安看了一句话没说，王坦之把条陈扔了回去，说："多了。"桓温拿起笔，想删一些，郗超不由得偷偷从帐子里和桓温说话（出言阻止）。谢安含笑说："郗生可以说是入幕宾客了。"

到新亭去

公元369年，桓温第三次北伐的失败对他的打击是巨大的。

这是个转折，桓温从此目光转向朝廷内，有了自立为帝的欲望。没过多久，桓温废了当时的皇帝，立会稽王司马昱为新帝，并率军进驻姑孰（即安徽当涂），动不动就全副武装入朝，吓唬大伙。

一次，他的老部下谢安见桓温后马上拜倒。桓温惊讶地问为什么。谢安回答：没有天子在前面拜倒臣子在后面站着的道理——当时，简文帝司马昱迫于桓温的威力，每次见面，总有下意识拜倒的动作。

司马昱说过桓温功德盛大的话，甚至还被迫暗示要把皇位禅让于他，所以在公元372年简文帝死后，当桓温看到遗诏中命令自己要像诸葛亮、王导那样辅佐幼主孝武帝司马曜时，非常不高兴，还认定这是谢安和王坦之的主意。于是，他更进一步，带领全副武装的士兵进入建康。

在奔赴建康的路上，老桓温伤感异常，他一生为东晋东挡西杀，在晚年时已位极人臣，是往前再走一步，获得帝位，还是做个老实人？桓温很矛盾。

桓温率军驻扎在建康郊外的新亭。谢安决定和王坦之冒险走一遭。

知道谢安、王坦之要来，桓温令士兵持兵器立在四周，有要杀这二人的打算。可如果杀了谢安，就等于把名士全都得罪了，而且就桓温本人来说，他是非常喜欢谢安的；但若有谢安在，登帝位又是一件非常困难的事。桓温进退维谷。

谢安和王坦之同乘一辆车，前往新亭。

在这里，说说王坦之。他是名士王述之子，出身太原王家，少年即成名，被誉为"独步江东"。在去新亭的路上，王坦之没能超脱，他显得很紧张，谢安没有流露出紧张的神情，只是告诉王坦之：晋朝生死存亡，在此一行，现在什么也别想了，走吧。

在新亭，谢安、王坦之二人落座。王坦之紧张得把手版（古代官员持手版入朝）拿倒了，而且汗流沾衣。谢安则神色镇静，没人知道他是真的不紧张，还是装作不紧张。

一番言语上的往来之后，桓温见谢安如此淡定从容，杀心便淡了，与谢安畅饮了一番。这时候，王坦之也把倒执的手版拿正了。

一时的危机算是化解了，但桓温并没有放弃称帝的欲望。可就在这时候，他病倒了。病中，桓温向朝廷索要加九锡的待遇。这是中古时代称帝的前一步。但申请表到了谢安那里，被压了下来。

后来，桓温还没来得及享受九锡待遇就去世了。

谢安松了一口气。同时，他十分悲伤于老上级的一生。

王坦之则欢天喜地。

【原文】 桓公伏甲设馔，广延朝士，因此欲诛谢安、王坦之。王甚遽，问谢曰："当作何计？"谢神意不变，谓文度曰："晋阼存亡，在此一行。"相与俱前。王之恐状，转见于色；谢之宽容，愈表于貌。望阶趋席，方作洛生咏，讽"浩浩洪流"。桓惮（dàn）其旷远，乃趣解兵。王、谢旧齐名，于此始判优劣。

【译文】 桓温埋伏下穿铠甲的士兵，摆好酒席邀请很多朝中官员赴宴，想借此机会杀死谢安、王坦之。王坦之很害怕，问谢安：

"应该采取什么办法?"谢安说:"晋朝的存亡,就看我们这一次怎么做了。"两人一起走了进去。王坦之恐惧的样子,更加体现在表情上;谢安宽缓自然的神态,也在脸上表现得更加清楚。谢安迎着台阶走向座席,用洛阳读书的语音,背诵嵇康的"浩浩洪流"诗句。桓温被他的旷达高远所震惊,迅速撤走了伏兵。之前王、谢两人齐名,从这件事才分出了高下。

谢安的雅量

高卧东山与淝水建功，是谢安生命中的两极。后人能望见，却学不来。东晋后，这样的人物，就再也没有了。

发生在东晋孝武帝太元八年（公元383年）的淝水之战，是中国史上著名的以少胜多的战役。东晋和前秦的这场战役结束后，南北分裂的局面又持续了二百多年。此战的结果警告了当时的各路枭雄：现在还不是统一的时候。

战争爆发前，苻坚的前秦在形式上统一了北方。苻坚有意南侵，被宰相王猛拦阻。王猛，这位被看作是比诸葛亮还厉害的人物认为时机尚未成熟。苻坚当时听取了。但王猛一死，苻坚又开始蠢蠢欲动。

苻坚太想统一南北做个伟大的帝王了。太元八年（公元383年）秋八月，苻坚亲率大军从长安出发，陆续集结的各族步骑兵，总兵力达到八十余万之众，以席卷之势向东晋袭来。

几十年来，建康和会稽的名士们已经习惯了清谈优游的生活，面前突然出现了近百万异族大军，整个东晋朝廷大震。

幸好，还有一个人没傻：继桓温之后执政的宰相谢安。谢安毫无惧色，当即召集满朝文武，调兵遣将。他举贤不避亲，以弟弟谢石为大都督，侄子谢玄为先锋，儿子谢琰随军出征。在当时另一位军政首脑桓温的弟弟桓冲的理解和支持下，以北府兵为主力，开始筹划对前秦的战斗。

其中，淝水之战是举足轻重的一战。这一战，关乎东晋的存亡。谢安在后方坐镇，谢石在前方统帅，谢玄作指挥。

东晋和前秦两军在淝水两岸对峙，晋军人少，只能求速战。谢玄派使者给苻坚下战书，要求秦军后退一下，先让晋军渡河，随后两军决战。

苻坚竟答应了。他有自己的想法：打算不等晋军完全上岸，就进行冲杀，打对手一个措手不及。

悲剧随之发生。苻坚没想到撤退令一下，再想控制这支由各族组成的军队就难了。

谢玄率近万名铁骑强渡淝水，从后面猛击秦军。崩溃中，前秦的前线统帅——苻坚的弟弟苻融死于乱军中。至此多米诺骨牌已经收不住了。东晋骑兵穷追不舍，以至于秦军听到风声鹤唳，都以为是晋军来袭。

谢玄得胜的战报传到京城建康时，宰相谢安正在跟人下围棋。看完书信后，谢安没有任何反应，继续慢悠悠地下着棋。对弈的人知道是前线急报，便问战况如何，谢安也不抬头，两指夹着一枚棋子，徐徐答道：孩子们已经大破苻坚。

谢安在最应该激动的时候，神色无异于常，这是典型的晋人雅量。

淝水之战后，谢安的大名已响彻华夏。

他的一举一动，都是人们效仿的榜样。说个典型的例子：

谢安有位老乡罢官回乡，启程前来拜见谢安，谢安问他有没有回去的路费。老乡答：只有五万把蒲葵扇。

于是谢安取了一把扇子，乘车在京城走了一圈，随后这种扇子就在整个京城流行起来，大家纷纷去买，价格增了数倍。谢安的老乡于是也有了回乡的盘缠。

晚年的谢安，不忘东山隐居之志。到扬州，谢安叫手下造大船，制泛海的服装，想顺江而下，由海路回到故乡会稽。然而，回卧东山的梦还未成，谢安便染病在身，怅然而逝。

【原文】 谢公与人围棋，俄而谢玄淮上信至。看书竟，默然无言，徐向局。客问淮上利害，答曰："小儿辈大破贼。"意色举止，不异于常。

【译文】 谢安和人下围棋，不久谢玄从淮河前线派来的信使到了。谢安看完信，沉默着没有说话，慢慢转向棋盘。客人问他淮河一带战况如何，谢安答道："小孩子们大败敌军。"他的意态神色和举止，和平常没有不同。

第八章

玄学清谈

后生可畏

　　有的人往往在年华最灿烂时死去，这样的人多才华横溢，比如王勃、李贺，比如王弼、卫玠。如果说卫玠仅因貌美便留名于史，那么王弼的大名震古烁今，便是货真价实了。

　　王弼，河内山阳（今河南焦作）人，他自幼聪颖，好老庄之学，与名士何晏、夏侯玄一起，在魏国发动玄学革命。当时，何晏非常看好这个才华横溢的少年，为其题字：后生可畏。

　　知道这个成语的来由了吧？

　　确实可畏。因为王弼太有思想才华了，太有哲学头脑了。

　　不过，王弼的身体不好，在最青春的岁月里死去了。当时，执政的大将军司马师听到消息后非常惋惜地说道：天丧我也！

　　王弼并非执政者幕府中的智囊，但司马师仍发出这种叹息，说明当时王弼虽年轻，确实名重于世。

　　自老子、庄子之后，到王弼出现之前，中国可以说没有纯粹的哲学家。即使同时代的何晏、夏侯玄，也多是语言华美有余，而哲学思考不足。到天才少年王弼出现，形势才改变。

　　王弼发展了老子的学说。注释《老子》时，王弼还不到二十岁。这本注，因见解独特，成一家之言，流传至今，为解读《老子》的第一书。

　　何晏当时也在注释《老子》，初步写成时，他去拜访王弼，见到王弼注的《老子》后倒吸冷气，有"既生瑜，何生亮"的感慨，回家后便把自己的《老子注》改名为《道论》《德论》，以避开王弼同名著作的锋芒。

王弼又为《周易》做注。

魏晋清谈以《老子》《庄子》和《周易》为中心，而王弼一人独注了其中的两本，为玄学时代的到来奠定了基础。

然而天妒英才，二十三岁时王弼病逝。

谈起王弼生活的三国时代，我们往往只着眼于金戈铁马，只知道刘、关、张，曹操，孙权，诸葛亮……却不晓得在那风云征战的背后还有那样一群人：王弼、何晏、夏侯玄……

他们都生活在魏国，正是他们的出场，让三国时代有了另一种气质。

【原文】 何晏为吏部尚书，有位望。时谈客盈坐，王弼未弱冠，往见之。晏闻弼名，因条向者胜理语弼曰："此理仆以为极，可得复难不？"弼便作难，一坐人便以为屈。于是弼自为客主数番，皆一坐所不及。

【译文】 何晏做吏部尚书时，很有地位和声望。有一次他家中坐满了前来清谈的客人，此时王弼还不到二十岁，去拜见何晏。何晏听说过王弼的名声，于是分条列举刚才讨论的精妙道理，对王弼说："这些道理我认为已经讲到了极致，还能继续反驳吗？"王弼就提出反驳，满座的人都认为他的见解更高明。于是王弼独自担任论辩的双方，自问自答往来多个回合，讲出的玄理是所有在座的人所不能及的。

郭象这个人

西晋的一天，王家和裴家的名士聚集一堂，清谈玄学。

王家与裴家作为魏晋顶级豪门，世家联姻：裴遐是王衍的女婿，裴頠是王戎的女婿。

婚后第三天，裴家女婿到王家回门，当时郭象在座，名士济济，不清谈还干什么呢？

郭象率先发难，他有意避开了更能说的裴頠，而选择了当时还没什么名气的裴遐为对手。两人开始交锋，郭象文采华丽而丰富，一下子就把裴遐震住了。

但是，裴遐也不简单，稍稍理清思路后，便开始反攻，慢慢扭转了局势，最后使郭象"受困"。

郭象，字子玄。西晋玄学家，洛阳（今河南洛阳）人。

据史料记载，当时，竹林七贤之一的向秀已经为《庄子》做好了注，只有其中《秋水》《至乐》两篇未完成。郭象见向秀的注没什么人知道，就把向秀的著作窃为己有，又加了点东西，最后郑重地署上自己的名字。由做事从容不迫、不动声色这个角度看，他确实是个晋人。

但是不是就因此否定了郭象呢？不必。

因为郭象还真是有才华的，他随便加的那点东西，字字珠玑，在老庄的基础上，提出了自己的新见解，这种思想对当时人们的山水审美尤其有很大的推动，直接导致了东晋名士对山水之美的大发现。

【原文】 裴散骑娶王太尉女，婚后三日，诸婿大会，当时名士，王、裴子弟悉集。郭子玄在坐，挑与裴谈。子玄才甚丰赡，始数交，未快；郭陈张甚盛，裴徐理前语，理致甚微，四坐咨嗟称快，王亦以为奇，谓诸人曰："君辈勿为尔，将受困寡人女婿。"

【译文】 裴遐娶太尉王衍的女儿为妻，婚后第三天，几个王家的女婿大聚会，当时的名士、王家裴家的子弟都来了。郭象在座中，挑头和裴遐清谈。郭象才华横溢，开始几个回合还没谈得畅快。郭象铺陈展开，论述充实雄辩；裴遐慢慢地申辩前面的话语，思想情趣极为幽深精妙，满座赞叹称快，王太尉也十分惊奇，对众人说："诸位不要再谈了，否则将被我的女婿困住。"

将无同

阮宣子即阮修，阮籍的侄子，他善谈，好酒，常步行出门，在手杖上挂数百钱，走到酒家门口，便进店畅饮。

阮修认为老庄与儒教没什么不同，他的一句"将无同"，让太尉王衍觉得很好，招他为部属。因为只说了三个字即得官，所以他被称为"三语掾"。

卫玠听说这件事后嘲笑阮修：说一个字就能被起用，又何必说三个！

阮修答：若被天下人所推崇，又何必说一个字呢，什么都不说也可被起用。

卫玠一愣，便和他热烈拥抱。

也许卫玠抱错人了。

《晋书》也记载了这个故事，但主人公分别是阮瞻（阮咸之子）和王戎。这一说法比较可信，因为以任职时间推断，王衍为太尉时，阮修早已当官多年。

到底是谁说的不重要，叫人关心的是"将无同"这三个字。

"将无同"是个左右摇摆的词。魏晋名士回答问题时，不喜欢直接说"是"或"否"，而喜欢用"将无"这个口头禅，用不确定来说明大致的肯定。

"将无同"在这里大致可以解释为：恐怕是一样吧。这被认为是当时的名士对玄学的新认识，是一种更为超脱的看法。

【原文】　阮宣子有令闻，太尉王夷甫见而问曰："老、庄与圣教同异？"对曰："将无同？"太尉善其言，辟之为掾（yuàn），世谓"三语掾"。卫玠嘲之曰："一言可辟，何假于三！"宣子曰："苟是天下人望，亦可无言而辟，复何假一！"遂相与为友。

【译文】　阮修很有声望，太尉王衍见到他时问道："老子、庄子的学说和圣人的教导有什么异同？"阮修回答说："将无同（恐怕是一样的吧)？"太尉很欣赏他的回答，征召他做自己的属员，因此人们称阮修为"三语掾"。卫玠嘲笑他说："只说一个字也可以被任用，何必借助三个字？"阮修说："如果是全天下都敬仰的人，不说话也可以被任用，又何必借助一个字？"于是两人结为朋友。

咄咄怪事

晋穆帝永和九年（公元353年），发生了两件大事：

一是王羲之发起的有四十二位名士参加的兰亭会；二是已为中军将军的清谈大师殷浩北伐惨败。

殷浩，字渊源，陈郡长平（今河南西华）人，东晋大师级的清谈家。

他是东晋大臣殷羡的儿子，桓温少时的玩伴。殷浩青年时已负盛名，名士韩伯是他的外甥，这位舅舅这么评价韩伯：韩伯还没学到我牙缝里的一点聪明（即成语"拾人牙慧"）。

殷浩不是傲慢，而是在清谈上确实有一套。清谈主要分两派，一派代表是刘惔，言辞简约；一派代表是殷浩，清谈起来语速极快，滔滔不绝。

当时担任荆州刺史的桓温在攻灭氐族首领李特建立的成汉政权后，声名显赫起来。

为制约日渐坐大的桓温势力，在朝中执政的会稽王司马昱决定叫殷浩出山，带兵北伐。

桓温一度以为这个机会会落到自己头上，当得知北伐军司令官为殷浩后，心里十分不平：两人既是小时候的玩伴，又是长大后的竞争对手。在清谈玄理上，桓温比不过殷浩，只好锐意往军政上发展。没想到，现在，在会稽王司马昱的支持下，殷浩把自己这条路也堵住，他怎能好受得了！

不过，桓温没采取什么行动，而是静观其变。因为桓温很了解这个少年玩伴，知道自己所需要的只是等待。

再说殷浩。在此之前，王羲之给殷浩写了封信，说殷浩不适宜领兵北伐；王濛则给桓温写了封信，称殷浩的学识足以能使其从容应事，他的本领与时人的赞誉是相当的。

就这样，到了永和九年（公元353年）秋，连纸上谈兵都很困难的清谈大师殷浩率七万士兵出发了。结果，自然是失败了。

桓温名温，人可不温柔，此时落井下石，名正言顺。于是他上书朝廷，请废殷浩为庶人。会稽王司马昱准了。这还不算，桓温还四处放话：少年时，我与殷浩曾同骑竹马，殷浩每次骑的都是我丢弃的，以此来看，和我相比，他始终处于下风呀。

被废的日子里，清谈大师殷浩没了清谈伙伴，以读佛经度日。闲暇的时候，殷浩便是生闷气，既有对桓温的恨，更有对司马昱的怨，这些情绪逼得殷浩终日在空中比画着写字。写的是四个字：咄咄怪事。

这是一个清谈家的悲惨命运。其实在那个时代，以清谈名士的身份率兵出征完败而归的例子很多，殷浩只不过是最典型的一个。"咄咄怪事"，后来用来指代难以理解的事——事情怎么会这样？殷浩感到茫然：早知今日，何必当初！做个闲来无事的清谈家多好！

后来，桓温似乎良心有所发现，觉得自己对这个少年玩伴太狠了，想起用他，便给殷浩写了一封信。殷浩收到信后很惊喜，既想答应桓温，又想在回信中表现出一种不在乎的样子，于是在措辞上修改了半天。终于写完了，殷浩把信纸装进信封，又不放心，拿出来再看一遍，如此反复多次，以致最后这位清谈大师迷糊了，竟忘了把信纸装进信封，导致桓温收到一个空信封。桓温以为殷浩是在讽刺自己，于是大怒，再也不搭理这个少年伙伴了。

公元 356 年，留下了"咄咄怪事"和"拾人牙慧"两个成语后，殷浩孤独地死去了。

【原文】 殷中军被废，在信安，终日恒书空作字。扬州吏民寻义逐之，窃视，唯作"咄咄怪事"四字而已。

【译文】 殷浩被废为庶人，住在信安，每天总是用手指在空中虚画字形。扬州的官吏百姓为了探寻字的意义，就追随他，偷偷地看，见到他写的只是"咄咄怪事"四个字而已。

第九章

门阀世家

石王斗富

　　很多人拿石崇和王恺斗富的故事概括整个西晋，认为西晋就是一个奢华的时代，这当然是不公正的。不过，这个王朝中期以后确实存在着奢华的风潮。

　　石崇，渤海南皮（今河北南皮县）人，西晋著名的生活家和诗人。他是大司马石苞的儿子，家世显赫，却在做荆州刺史的时候，屡次率人扮成蒙面大盗，拦路抢劫过往客商，通过这种方式积累了大量财富。

　　王恺，东海郯（今山东郯城）人，魏朝重臣名儒王肃的儿子，晋武帝司马炎的舅舅，以外戚的身份身居要位。

　　王恺、石崇不和，斗起富来更狠，千方百计欲压倒对方：王恺用糖水刷锅；石崇用大根大棵的蜡烛当柴火烧。王恺用紫丝巾做幕障，扯了四十里；石崇以锦绫为幕障，长五十里，比王恺多了十里，又赢了。王恺用赤石脂刷墙，石崇则用当时十分名贵的花椒刷墙。

　　王恺每次都比石崇差一点，心里非常郁闷。他的皇帝外甥司马炎，本来还是比较俭朴的，但在这件事上，也觉得有些没面子，便在暗地里帮王恺，秘密将他叫到宫里，资助了他一棵绝世珊瑚树。

　　王恺看那珊瑚树，足有两尺高，枝条繁密，熠熠生辉，确实是世间珍宝。于是第二天王恺满心欢喜地带着这棵珊瑚树到了石崇那著名的金谷园别墅，一到门口就嚷嚷着要见石崇。石崇正独坐高楼，一个人欣赏绿珠跳舞。得知王恺来了，他从楼上下来。当他拿着铁

189

如意朝那珊瑚树敲下的时候，已经是半个时辰后的事了。

此前，王恺把那珊瑚树从盒子里取出来展示给石崇看，心里想：这回把你搞定了吧！可是他没想到，这棵宝贝珊瑚树三两下就被石崇给捣坏了。王恺睁大眼睛说：石崇！你不能这样啊，看我拿了宝贝，你没有可比的，就给砸坏了！

石崇笑道：别生气，我马上还你一棵更好的。说罢，他叫手下去取珊瑚树，没多长时间，就捧来了十几棵，有三尺高的，有四尺高的，还有五尺高的，每一棵都灿烂异常，光彩夺目。王恺愣了半天神，最后一点脾气也没了。

西晋时，生活奢华的，并非仅有斗富的石崇和王恺二人，还有太原世家王武子，即王济。

王济是参与灭吴战争的西晋重臣王浑的儿子，母亲是西晋第一美女钟琰（颍川世家钟繇的曾孙女），他本人又是晋武帝司马炎的女婿，名士卫玠的舅舅，大臣和峤、裴楷的小舅子。这个世家关系网让人瞠目。

石崇和王恺斗富，王济也一度加入，曾与王恺赌博，当即压了一千万贯钱。比什么？比射箭。王恺家有头叫"八百里驳"的牛（据说能日行八百里，故有此名），王济跟王恺打赌，若自己射不中靶心，便把一千万贯钱给王恺；若射中了，他王济就要把那牛杀了，吃牛心！

王恺自恃有把握赢，便叫王济先射。谁知王济一箭击中靶心，随即叫人把牛杀了，吃完牛心，扬长而去，洒脱得没边儿了。

王济还在洛阳郊外的邙山购了一大块地皮，修建了自己的跑马场。用什么来圈地呢？钱。沉甸甸的铜钱用彩线穿着，围着那块地皮绕了好几圈，这种奢华的举动把石崇和王恺也震住了，当时的人们称其为"金沟"。

只是，奢华颓逸的洛阳啊，沉浸其中的人们啊，千里之外胡人的弯刀已经举起来了，你们可曾知晓？

【原文】 石崇与王恺争豪，并穷绮丽以饰舆服。武帝，恺之甥也，每助恺。尝以一珊瑚树高二尺许赐恺，枝柯扶疏，世罕其比。恺以示崇，崇视讫，以铁如意击之，应手而碎。恺既惋惜，又以为疾己之宝，声色甚厉。崇曰："不足恨，今还卿。"乃命左右悉取珊瑚树，有三尺、四尺，条干绝世，光彩溢目者六七枚，如恺许比甚众。恺惘然自失。

【译文】 石崇和王恺争着比赛谁更富有，都尽其所能地把他们的车乘、衣冠装饰得非常华丽。晋武帝是王恺的外甥，经常帮助王恺。有次他把一株二尺左右高的珊瑚树赐给王恺，枝条茂密，世间少有。王恺拿它给石崇看，石崇看完，用铁如意击打它，随手就打碎了。王恺感到惋惜，还认为石崇此举是嫉妒自己的宝物，说话时的声音和表情都很愤怒。石崇说："不值得遗憾，现在还给你。"就命令左右侍从取出自己所有的珊瑚树，有的高达三尺、四尺，枝条茂盛举世无双，光彩夺目的有六七枚，像王恺那样的非常多。王恺若有所失，不知所措。

琅邪王家

西晋时，有大臣去拜访太尉王衍，在那里遇到"竹林七贤"之一的王戎、后来成为东晋大将军的王敦、后来成为东晋宰相的王导。去别的屋子，又看到了名士王诩和王澄。回来后，他对周围人说：今日之行，满目都是琳琅珠玉！

"琳琅满目"这个成语，就来自以上典故，说的正是魏晋第一世家琅邪临沂王家人才之盛。后来，到南北朝，政治家兼文学家沈约曾这样感叹道：开天辟地以来，没有哪一个家族在爵位蝉联和人才辈出方面像山东琅邪临沂的王家这样厉害！

魏晋南北朝时代，琅邪王家中，为官做到五品以上的有 161 人，其中做到一品官的达 15 人。

王家的兴旺始于王祥。作为魏晋南北朝第一孝子，王祥"卧冰求鲤"的故事被认为是中国式孝顺的极致。

故事是这样的：王祥的继母朱夫人生病，想吃鲜鱼，还跟王祥说要是吃不到的话她也不想活了。大冬天的，河面都结冰了，去哪儿打鱼？王祥心急如焚，最后实在没办法，就脱光了衣服，趴在结冰的河面上，想用体温将冰融化。就在王祥趴下后不久，真的有两条鱼从缓缓融化的河中跳出来，一下子砸到他的脑袋上。

这个故事自然充满志怪的色彩。不过，王祥这孩子非常孝顺这一点是不假的。

朱姓继母对王祥很不好，每天百般刁难，甚至惦记着加害他。

王祥呢，特别厚道，不管继母怎么出幺蛾子，他就是不生气。这一天，继母又想出一个办法，她跟王祥说想吃天上的黄雀肉。王祥想也没想，闷头就出去逮，结果没弄到。就在继母责难王祥时，突然有一群黄雀撞进了屋。

如果说这两个故事有些夸张，那么下面的故事就有可信度了。

王家院子里有棵李树。爱吃李子的继母，叫王祥守在树下。每到刮风下雨时，王祥就抱树大哭，生怕李子被风吹落、被雨砸坏，辜负了继母。

继母在生了叫王览的小儿子后，更是容不下王祥。一天晚上，王祥正在睡觉，继母悄悄过来，对着床上就是一刀。当时正赶上王祥去厕所了，这一刀也就砍空了。王祥见继母容不得自己，便跪倒在她面前，哭着说：您还是杀死我吧！到这时，继母才有点不好意思，后来慢慢改变了对王祥的态度。

魏晋时，还没有科举制度，做官往往以"举孝廉"的方式——也就是说，得在乡里获得好名声，然后才有机会受到推荐去做官。而且，无论是汉朝，还是魏晋，都标榜"以孝治天下"。所以，作为大孝子的王祥，是不愁没官做的。

但对做官，王祥不是很着急。当时山东大乱，他带着继母和弟弟王览举家迁居庐江，直到五十多岁时才出山做官，弟弟在他的影响下，也出山做官了。家族三百年传奇由此开始。

不过，王祥虽开创了琅邪临沂王氏的三百年传奇，但延续传奇的血脉来自他的异母弟王览。原因是：王祥孩子少，且身体比较羸弱。弟弟王览则血脉旺盛，后代人才辈出。前文提及的诸位，以及后面的王羲之、王献之、王徽之这样杰出的人物，都是王览的后代。

【原文】　有人诣王太尉，遇安丰、大将军、丞相在坐；往别屋，见季胤、平子。还，语人曰："今日之行，触目见琳琅珠玉。"

【译文】　有人拜访王衍，在他家中遇到王戎、王敦、王导在座；去另一间屋子，见到王诩、王澄。这个人回来之后，对人说："今天这一次出行，见到了太尉王衍以及他的弟弟、堂兄弟，目光所及之处都是珠宝美玉。"

芝兰玉树

谢安把子侄们召集到一起，很快提了个问题：为什么我总希望谢家子弟出类拔萃？

大家一时不知该怎么回答，后来侄子谢玄站起来说：就好比芝兰玉树，都希望能长在自己家的庭院里。

家族的长者希望自己的晚辈优秀，就好比希望那灿烂的花树生长在自己的庭下，举头可见，这是自私的，但也是人之常情，所以听完谢玄的话，谢安拊掌大笑。

这次与子侄们的对话应该发生在淝水之战以前。这时候，谢玄还没成名，但已显露出聪慧本色。

在东晋，一个人要想有所作为，必须来自一个华丽的家族；而一个家族想延续荣耀，也必须诞生几个杰出的人物，所以他们非常重视教育。

在继续谈谢安教育子弟的方法前，需要了解一下谢家是如何上升的。

唐诗人刘禹锡的《乌衣巷》说："朱雀桥边野草花，乌衣巷口夕阳斜。旧时王谢堂前燕，飞入寻常百姓家。"

王、谢是中国古代世家大族的代名词。谢家的人打入名士集团是从西晋、东晋之交的谢鲲开始的。

谢鲲，字幼舆，是谢家成为东晋名门的第一个关键人物。谢鲲好老庄之道，为人放旷，依靠个人魅力取得了与世家大族交游的机会。后来，谢鲲的名气渐渐大了，谢家便开始显贵起来。

谢安出山前，谢家在朝廷上的名望实际上是靠他的堂兄谢尚（即谢鲲的儿子）以及哥哥谢奕和弟弟谢万支撑着，这三人都是以名士的身份拜将军，领兵作战。尤其是谢尚，运气不错，在参与北伐时夺回了此前战乱中丢失的传国玉玺，让东晋的皇帝终于有了身份证；而谢万的运气就没有那么好了，率军北征失败，回朝后像殷浩一样被废为庶人。

在谢家兄弟成长的年代，这个家族还远远没上升到第一流的地位。淝水之战后，谢家迅速上升为与琅邪王家并称的两大士族，谢安因此更注重对晚辈的教育，以保证家族人才连绵不断。

谢安教育子弟，重方法，更重以身作则。

谢安的妻子是刘惔的妹妹，可谓名门闺秀。一次她问谢安：夫君，怎么也不见你教导我们的孩子?！谢安徐徐答：我经常教导他们啊！随后，谢安转身而去。在这里，谢安的意思是他已用行动为孩子们做了表率。

在谢安以身作则的教育下，这个家族人才济济，所以他那位深具文学才华的侄女谢道韫嫁到琅邪王家后，对平庸的丈夫王凝之感到非常不满：我们谢家有谢安，还有叔叔谢万，兄弟间有谢韶、谢朗、谢玄、谢川，一个个都是才俊；王家与我们名气相同，按说也应该是才俊辈出，却不料天地之间竟还有你！

当然，尽管对丈夫不太满意，谢道韫还是跟王凝之生活了几十年。

晋安帝隆安三年（公元 399 年）深秋，孙恩起兵反抗朝廷，猛攻会稽。当时王凝之是会稽的地方官，跟孩子们一起遇难了。据史书记载，谢道韫得知丈夫和孩子遇害的消息后，怒从悲中来，拿刀出门，杀敌数人。这是真正的名家风范。谢安有知，也会为之动容。

后来，谢道韫被俘，孙恩被谢道韫不怒自威的风范震慑住了，没加害于她。但是谢道韫晚年凄凉，独自一人居住在经历了兵灾后的会稽。作为谢氏家族闪亮的灵芝，她和东晋王朝一起度过了最后的惨淡时光。

【原文】　谢太傅问诸子侄："子弟亦何预人事，而正欲使其佳？"诸人莫有言者。车骑答曰："譬如芝兰玉树，欲使其生于阶庭耳。"

【译文】　谢安问子侄们："子侄们到底与我有什么相干，为什么一定要让他们优秀呢？"在座的人都不说话。谢玄回答："就像美好珍贵的草木，人们都希望它们生长在自己府邸的台阶前和庭院里。"

太原王家

　　"王谢高门"的"王"特指山东琅邪临沂王家，但天下王家有两大郡望，太原王家也非常显赫，尤其到东晋后期，甚至超越了琅邪王家。而且，不但在东晋南朝，在北朝，太原王家也被列为五大世家之一，一直享誉至唐朝。此时，盛极一时的琅邪王家反而烟消云散了。

　　从时间跨度上讲，太原王家是比琅邪王家厉害的。

　　魏晋时，太原王家的代表人物有王凌、王广、王浑、王济、王恺、王湛、王承、王濛、王蕴、王恭、王爽、王述、王坦之、王国宝……其中，王济和王承可列入西晋最显赫的名士群。而王承在东晋初名声尤盛，甚至被认为是第一名士。其后，有王濛，与刘惔齐名，为清谈大家。

　　名士王湛（王承的父亲）的孙子王述，袭封蓝田侯，是与谢安齐名的王坦之的父亲。

　　王坦之在桓温的幕府中当差，桓温想给儿子找媳妇，于是求到王家。王坦之回家跟父亲王述念叨了此事。王述、王坦之这爷俩儿，在父子关系上，大约是魏晋时最有意思的。王述非常疼自己这个儿子，儿子虽早就长大成人，但他仍动不动地把他抱在腿上。现在，听王坦之说了桓温求婚之事后，王述一下子便怒了，把王坦之从腿上推下去——他觉得桓温是个粗俗的军人，而王家世代门第高贵，怎么能跟他结为亲家？于是，第二天王坦之找借口回绝了桓温。

这则故事透露出的信息是：高等士族间仍有高低差别。

桓温枭雄，在东晋中期掌控朝政，他的家族已上升为第一等士族。但是，由于根基浅（其实也不浅），仍被传统世家太原王氏轻视。

再者，文轻武。桓温出入军中，被视为"兵"，一贯受到文士的藐视。

说起来，虽然这次受挫，但后来桓温还是跟王坦之成了亲家，不过不是桓家娶了王家的女儿，而是把女儿嫁给了王家。

这是王家和桓家的故事。

说到世家的婚姻，还有一个故事，仍是关于王坦之家的。

王坦之有个弟弟叫阿智。这位王阿智异常顽劣，没人愿把女儿嫁给他。当然，还有更不靠谱的。谁？名士孙绰的闺女孙阿恒。这个阿恒，也很顽劣，且行为古怪，可能精神也有点问题，到二十多岁了也一直没能嫁出去。在古代，这是很罕见的。

作为名士，阿恒的爹爹孙绰是著名的玄言诗人，与许询齐名，但为人圆滑，爱耍心眼儿。这天他去拜访王坦之，见了阿智后，说：阿智、阿恒这俩孩子都不错，似有天缘啊……王坦之听了心里窃喜，王述知道后也很高兴，觉得不着调的阿智终于能娶到老婆了。就这样，孙阿恒嫁给了王阿智。

正如我们可以想见的那样，没过几天，阿恒顽劣的品性便完全显露出来，一举超过了阿智。而且，阿恒不仅顽劣，更关键的是缺心眼儿。直到这时，王述、王坦之父子才知道上了孙绰的当，可是已经晚了。

【原文】　王文度为桓公长史时，桓为儿求王女，王许咨蓝田。既还，蓝田爱念文度，虽长大，犹抱著膝上。文度因言桓求己女婚。

蓝田大怒，排文度下膝，曰："恶见文度已复痴，畏桓温面？兵，那可嫁女与之！"文度还报云："下官家中先得婚处。"桓公曰："吾知矣，此尊府君不肯耳。"后桓女遂嫁文度儿。

【译文】　王文度担任桓温长史时，桓温替自己的儿子向王家求婚，王坦之答应回去和父亲蓝田侯王述商量一下。回到家里，蓝田侯很喜爱文度，虽然都大了，还是把他抱在膝上。文度就讲了桓温向自己女儿求婚的事，蓝田侯听罢大怒，把文度从膝盖上推开，说道："你怎么现在都傻了，竟害怕桓温？一个大兵，怎么能把女儿嫁给他！"文度回去禀告桓温："下官家的女儿早就订了婚了。"桓温说："我知道了，这是你家令尊不答应啊。"后来桓温的女儿还是嫁给了文度的儿子。

第十章

山河永逝

江山万里

　　袁彦伯即袁宏，陈郡阳夏（今河南太康）人，少年家贫，但才华突出，写得一手好诗文。

　　最早发现袁宏才华的，是谢尚。当时谢尚在牛渚（今安徽马鞍山采石镇）驻军，秋夜泛舟江上时忽然听到了袁宏如金玉般的吟诗的声音，便邀他来船上，两人相谈甚欢，一直聊到天色渐白。聊完，袁宏就有了新身份：谢尚的参军。

　　谢尚对袁宏有知遇之恩，但袁宏最快乐的时光，却是在桓温幕中工作的日子。桓温经常征战四方，袁宏很喜欢这种激荡的生活。随桓温北伐中原时，袁宏曾在马上写文，下马时文章便写成了，被传为佳话。

　　袁宏有可能是东晋一代最全面的文人：

　　首先，他是一名文学家。在追随桓温的岁月，著有名篇《北征赋》《东征赋》等诗赋三百篇；其次，他是个不错的传记作家，著有《竹林名士传》，将名士划分为"正始名士""竹林名士""中朝名士"，影响深远；第三，他是个出色的历史学家，撰有《后汉纪》，与范晔的《后汉书》并称东汉两大史书；最后，他还是位玄学家，写有《周易谱》。

　　在当时，袁宏就被公认为是一代文宗了。

　　本条故事中的场景发生在大约晋穆帝永和十年（公元 354 年）夏天的一个微风徐吹的黄昏，那时候袁宏离开建康去别处赴任，京城的朋友为他饯行。落日途中的送别总是伤感的，在一处蔓草萋萋的亭驿旁，大家拱手道别。

袁宏望着眼前的茫茫江山，心有所思：人活于世，生命苦短。金戈铁马，一世枭雄，自然能纵横一时，只是这江山万里，时间太过匆忙，千年后又去哪里寻找这些英雄的足迹？那我就做个写作者吧，不留下箭镞而留下文字给后世。

于是，袁宏上马奔驰而去，消失在晋代的山水间……

【原文】　袁彦伯为谢安南司马，都下诸人送至濑（lài）乡。将别，既自凄惘，叹曰："江山辽落，居然有万里之势！"

【译文】　袁宏做谢奉的司马，都城的亲友把他送到濑乡。即将告别的时候，他感到哀伤惆怅，感叹道："寂寥空阔的江山，确实有绵延万里的气势。"

会稽仙境

　　无论是清谈玄理，还是追求适意率性，都是对内在的精神世界而言，这是魏晋名士向内的发现，而魏晋名士向外的探寻则是发现了天地间的山川之美。两者之间是有直接联系的：向内发现了心灵的自由，心灵一旦自由，便有了体验自然之美的条件和愿望。

　　本条中的顾长康即顾恺之，小名虎头，江苏晋陵（今常州焦溪）人，东晋最负盛名的画家。

　　顾恺之首先是一个人物画家，我们熟悉的《洛神赋图》《女史箴图》等都出自他的笔下；其次是一个山水画家，他的山水画开了一代风气，所绘《雪霁望五老峰图》被认为是中国山水画的处女作。

　　顾恺之之所以能成为中国山水画的鼻祖，与他对山水之美的欣赏有着密切关系。东晋时，东南山水最美之处在会稽郡（即今天的浙江绍兴），那里可以说是京城建康的后花园，这也是为什么当时那么多名士不愿在京城待着而来会稽居住的原因。

　　顾恺之虽然没有定居在会稽郡，却总往那里跑。有朋友问：你有事没事就去会稽，那里山河如何美丽？让我们再听一次顾恺之的回答："千岩竞秀，万壑争流，草木蒙笼其上，若云兴霞蔚（无数座山峰一座比一座秀美，无数条河流一条比一条湍急，花草树木笼罩在上面，就像蒸腾的云霞）……"

　　会稽郡的治所在山阴县，那里山川环抱，永和九年（公元353年）春的那次名动千古的兰亭聚会，更是使其名扬四海。东晋时形成的山水审美的风尚，由兰亭名士完成了这最简约也最浓郁的一笔。

面对秀美的山川自然，东晋名士主动去欣赏它、爱惜它、赞美它。当然，东晋人对山水审美的觉醒跟都城由洛阳这块中原故土迁移到山水秀丽的江南建康有直接关系。这也许是东晋这个王朝在西晋故都沦陷忧伤中的意外收获吧。

【原文】　顾长康从会稽还，人问山川之美，顾云："千岩竞秀，万壑争流，草木蒙笼其上，若云兴霞蔚。"

【译文】　顾恺之从会稽回来，有人问他会稽山川有多美，顾恺之说："崇山峻岭仿佛互相比美，许多江河竞相奔流，茂密的草树笼罩在上面，有如云气弥漫、霞光灿烂。"

最早的背包客

从东晋起，中国名士第一次有了主动欣赏和畅游山水的愿望，代表人物是谢安、王羲之、许询、谢灵运。其中，只有许询没有出仕，他最终成为一名职业隐士和山水漫游者。

魏晋时期多隐士，具体说来，又分以下几种类型：先隐居后入仕（如谢安），先入仕后隐居（如阮裕、王羲之、陶渊明），自始至终隐居（如许询、戴逵）。

本条中的许掾即许询。

许询，字玄度，高阳（今河北蠡县）人，在会稽长大。

许询生活在东晋中期，无意做官，只爱山水，经常拄着竹杖登高爬低，游荡在晋代的名山大川中。许询腿脚特别利索，所以当时的人们这样说他：先生不仅有高远的情趣，而且还有能体验这种情趣的强健的身体。

许询与孙绰齐名，是东晋玄言诗的代表人物。许询又与刘惔有深厚的友谊，并与王羲之、谢安、殷浩、支遁等名士交游。

刘惔是东晋第一狂人，但最尊崇许询。许询曾来首都建康旅行，住在馆驿，刘惔每天都会前去探视交谈。后来有人问刘惔，许询这人如何，刘惔回答：比人们传说的还要好。

在那个时代，已形成一个惯例：你越隐居，朝廷越要征你做官；你越隐居，名气就越大。许询也是如此。隐居会稽山阴的日子，朝廷的征召就没断过，许询只好迁徙到永兴。此外，在那个时代，朝廷里的权贵们有个爱好：资助隐士们。许询幽居的时候，便不时接到高官们的资助。有人讽刺许询：我听说上古时代隐居箕山的许由不是你这个样子！许询笑道：他们送我的那些玩意儿比起天子的宝座来说真不算个东西（古时尧帝欲将自己的天子之位让给许由）！

在前人看来，隐居必须清贫，只有这样才有高远的情趣。怎么能接受别人的资助呢？但在许询看来不是这样的，他认为隐居和接受别人的资助并不矛盾。这也是东晋隐士在隐居观上特立独行的地方。当然，也不是所有的隐士都是这样旷达。

作为中国第一个职业旅行家，浙江的山水都留下了许询的足迹，他被秀丽的山水征服，久久地徜徉在无尽的景色中，那景色不仅给予他怡然的情趣，而且还深深地影响了他的人生观，最后他长眠于明山秀水中。

【原文】 许掾好游山水，而体便登陟。时人云："许非徒有胜情，实有济胜之具。"

【译文】 许掾喜欢游览山水，而身体又便于攀登。当时人说："许掾不只有美好的情致，实在还有实现胜情的体魄。"

岩高白云屯

谢安死的那一年（公元 385 年），他侄子谢玄的孙子谢灵运出生。

谢灵运是中国山水诗的开创者，是魏晋风度的彻底终结者，是户外运动爱好者，顺便还做了一回发明家，发明了一种方便登山的鞋子"谢公屐"（曾出现在李白《梦游天姥吟留别》诗中）。此外，他还是当时时尚界的代言人，他创造的新款服饰引得人们纷纷效仿。

出身高门大族的谢灵运，天生具有优越感，袭封康乐公，门第高贵而又深具才情，所谓"天下有才一石，曹植独得八斗，我得一斗，天下共分一斗"。但是，他成年时，魏晋时期的以门第出身取士的制度已经消亡了，所以自负高贵的他只能先后在北府兵将领刘毅、刘裕这样的武夫手下做事。

谢灵运出身谢家，身上留有魏晋放诞不拘的习气，朝廷不予重用，仕途上失意，所以他常怀愤懑之情，把酒写诗，纵情山水，聚众宴游，消耗着自己华丽的生命。仕途上的失意却也导致了六朝时代一个优秀诗人的诞生。

被贬为永嘉（现在的浙江温州）太守时，永嘉的奇山异水激发了谢灵运写诗的欲望，居然一发而不可收。他天天游荡于山水间，在这里写下了中国山水诗最初的杰作《登池上楼》。

谢灵运的山水诗悄悄扭转了魏晋以来的玄言诗之风，虽然还没有完全脱离玄言诗的桎梏，但一些诗句中已洋溢着清新的山野气息，对后世影响巨大，到了唐朝更是引起诗人们的狂热追捧，李白、杜甫、白居易、孟浩然、韦应物等人相继踏着他的足迹寻找六朝的烟云。

为官永嘉的日子很短暂，随后谢灵运辞职隐居于会稽，一度有在此地终老的打算。这期间，他与隐士孔淳之等人交游。谢灵运喜欢戴有曲柄的斗笠，斗笠是隐士的打扮，而曲柄则是高官的象征，两者自是矛盾。于是有一次孔淳之就问：你以清高自居，又为什么不能忘记宫阙下的官位？谢灵运勉强答道：未曾忘怀的，未必是我而是你吧！说完，两人一起大笑。孔淳之笑得畅然，他终身未仕；而谢灵运虽反问住了孔，但笑得比较勉强。隐居享受山水之乐和入仕为官延续谢家的荣耀，好像都是他想要的，又好像都不是他想要的。他的内心矛盾而痛苦。

宋文帝刘义隆即位后，曾征召谢灵运出山，谢灵运在犹豫许久后还是答应了，去了都城建康，但是他依旧不停地旅行，让皇帝几十天几十天地见不着他面，而他又不向皇帝请假。

这事做得就有点过了。最后，谢灵运被大臣弹劾去官，再次东归会稽。这次回来，谢灵运旅游的劲头更大了，动不动地就带着数百仆从翻山越岭。有一次，他带数百人，伐木开路，一直到了临海郡。当地官员以为来了贼人，严阵以待，结果发现是谢灵运的旅行团。

谢灵运的做法让会稽太守孟顗十分头疼，交涉几次无果，还被谢灵运的言辞气得不轻。当时孟太守没说什么，但回去后便发给朝廷密报，给谢灵运网罗了一堆罪名。为此，谢灵运只好亲自到宋文帝那儿解释。皇帝不想让谢灵运再回会稽了，便把他派去江西。

去了之后，谢灵运游兴不减，于是再次被弹劾。可能是闹大了，执法者打算逮捕他，谢灵运激动之下有反抗的举动，终于被擒，流放广州，最后以"谋逆罪"被处斩。

本来，谢灵运有机会徜徉于山水中，度过自己人生最后的岁月。但是，他的人生轨迹如漫漫江水，在拐了一个弯后，就再也回不去了。

【原文】　谢灵运好戴曲柄笠，孔隐士谓曰："卿欲希心高远，何不能遗曲盖之貌？"谢答曰："将不畏影者未能忘怀！"

【译文】　谢灵运喜欢戴曲柄笠，孔淳之对他说："你想追求高尚美德和远大志向，为什么不能抛弃曲盖的形貌？"谢灵运回答："恐怕是害怕影子的人忘不了影子吧！"

兰亭烟树

在西晋都城洛阳，石崇的金谷园是典型的代表着士人精神的地标。随后，地标迁移到东晋的兰亭，也就是会稽郡的山阴县。

但有一事令人费解：《世说新语》里，竟然没有一条直接讲述东晋穆帝永和九年（公元353年）的兰亭之会。

这次聚会当然是整个中国古代最负盛名的聚会，王羲之更是写下了名动千古的《兰亭集序》。《世说新语》对此却惜墨如金，让人颇感奇怪。最后，只发现这样一条文字提到"兰亭"，却也是从侧面讲的：有人以《兰亭集序》比石崇的《金谷诗序》，王羲之非常高兴。

那就说说兰亭故事吧。

到晋穆帝永和年间，东晋政权趋于稳定，名士生活更为悠闲。

永和九年（公元353年）三月初三（古代春天的修禊日，人们在这天祈福、除秽），四十多位东晋的名士应东道主王羲之的邀请，齐聚于会稽山阴的兰亭（今浙江绍兴西南兰渚山），饮酒、写诗、观山、赏水……这不仅是一次诗会，一次名士的燕集，还是一次春天的酒会，一次清谈的盛会，一次山水间的旅行，兰亭聚会标志着东晋文人已完全融入了山水审美。当时，孙绰说过这样的话："明山秀水，可化心中郁结！"

这天风和日丽，东晋的名士们宽袍大袖，列坐于曲折、清澈的溪流两边，溪中有荷叶轻托酒杯，随水漂流，到了谁的跟前，谁就要现场作诗，如作不出来，便要罚酒。王羲之等二十六人现场写出了诗歌，王献之等十六人则没写出来，于是被罚喝酒。写出作品的二十六人共成诗三十七首，汇编为《兰亭集》，王羲之为之作序，即成就了千古第一行书《兰亭集序》。

王羲之是自由不羁的。魏晋时期，世族之间以联姻的形式互为支持。当时，太傅郗鉴遣门生带给王导一封信，求女婿。王导让来者去东厢房任选。归来后，门生对郗鉴说：王家诸位公子确实都不错，听说来选女婿，一个个都挺矜持的，只有一个人坦腹东床，好像没听到这回事儿一样。郗鉴说：就是他了！

这人正是王羲之。"东床快婿"的成语就是这么来的。

然而王羲之在仕途上并不得意。辞官后，他常徜徉在幽谷高峰中，或登山远足，或攀岩采药，还不时感慨说：我最后一定是快乐死的。

公元361年，一代书圣就真的在山水间快乐地死去了。

从竹林到兰亭，一个时代，慢慢合上了自己的书册。

在当下的时代，我们追寻魏晋，是因为那一代名士人格独立、精神自由、性情率真、爱惜自我，他们高旷美好的品格，透过千年的时光震撼着我们的内心。我们怀念，是因为我们的祖辈曾经拥有远远比我们纯粹的深情。

【原文】　王右军得人以《兰亭集序》方《金谷诗序》，又以己敌石崇，甚有欣色。

【译文】　王羲之得知人们拿自己的《兰亭集序》比石崇的《金谷诗序》，把自己和石崇相提并论，露出了非常欣喜的神色。

附录魏晋时代年表

魏文帝曹丕（公元 220 年—226 年）在位，确立了魏晋时期选拔人才的方式即九品中正制，后演化为高门士族的门阀政治。

魏明帝曹叡（公元 226 年—239 年）在位，执政风格严苛，司马懿开始成为重臣，与诸葛亮激烈对抗。朝野之间，门阀士族的力量进一步加大。

魏齐王曹芳（公元 239 年—254 年）在位，"正始之音"即魏晋玄学自此正式发轫。司马懿发动"高平陵之变"，剪除曹爽集团，司马家族依靠士族的支持，完全掌握魏国权力。亦为"竹林七贤"活动期。曹芳帝位为司马师所废。

魏高贵乡公曹髦（公元 254 年—260 年）在位，被司马昭所派贾充之部下成济所弑。

魏元帝曹奂（公元 260 年—265 年）在位，司马家灭蜀。曹奂将帝位禅让给司马炎。

晋武帝司马炎（公元 265 年—290 年）在位，灭吴，全国一统，风格宽简，爱慕名士，魏晋风度的推动者。

晋惠帝司马衷（公元 290 年—306 年）在位，智力低下。贾后当国，名士清谈，洛水优游，八王之乱。

晋怀帝司马炽（公元 306 年—311 年）在位，永嘉之乱，中原板荡。

晋愍帝司马邺（公元 313 年—316 年）在位，五胡乱华，四海南奔。

晋元帝司马睿（公元 317 年—322 年）在位，晋朝在江东重建，琅邪王家执政，王与马，共天下。

晋明帝司马绍（公元 322 年—325 年）在位，风格英武，平王敦之乱。

晋成帝司马衍（公元 325 年—342 年）在位，苏峻之乱，琅邪王家、颍川庾家相继执政，清谈之风大盛。

晋康帝司马岳（公元 342 年—344 年）在位，颍川庾家执政，东晋进入中期。

晋穆帝司马聃（公元 344 年—361 年）在位，谯国桓家执政，永和政局安逸，兰亭雅集。

晋哀帝司马丕（公元 361 年—365 年）在位，谯国桓家执政，上承永和政局。

晋废帝司马奕（公元 365 年—371 年）在位，谯国桓家执政，上承永和政局，其帝位为桓温所废。

晋简文帝司马昱（公元 371 年—372 年）在位，谯国桓家执政，清谈皇帝。

晋孝武帝司马曜（公元 372 年—396 年）在位，陈郡谢家执政，淝水大战。战后东晋亦迅速转入没落萧条时期。司马曜被后妃所弑。

晋安帝司马德宗（公元 396 年—418 年）在位，智力低下。王恭兵变、桓玄之乱、孙恩暴动，东晋进入尾声。司马德宗被刘裕所弑。

晋恭帝司马德文（公元 418 年—420 年）在位，禅位于寒门出身的北府兵将领刘裕。后被杀。南北朝时代开始，儒家地位和皇权政治得以恢复，魏晋放旷不羁的时代风尚落下大幕。